JN254706

宗教とジェンダーのポリティクス

フェミニスト人類学のまなざし

川橋　範子
小松加代子 編

Politics of Religion and Gender:
A Feminist
Anthropological Approach

昭和堂

目次

序章

宗教研究とジェンダー研究の交差点

川橋範子

1　はじめに

本書は、フェミニスト人類学のアプローチを用いて多様な文化の中の女性の宗教的実践を丹念に掘り起こし、宗教研究をいっそうの厚みと多様性を持つものに再構築しようとする。執筆者たちは、ジェンダー研究に依拠した批判的視点を中心に据えている。現代日本では、社会の問題を解決する担い手としての宗教者への期待が高まり、宗教の公的な役割を好意的に評価する研究が多く生み出されている。残念ながら、その多くはジェンダーの視点からの批判を欠き、社会関係に内在する権力構造が生み出す抑圧や不公正を見過ごしてしまっている。性差別的なシステムを温存したまま宗教が社会との関わりを持つことは、抑圧的な考え方を社会に持ち込み、さらに補強することにもつながる（小松二〇一五）。それに対して本書は、強者と同じ力を与えられていない社会的弱者である女性たちの生き難さに焦点を当て、さまざまな宗教文化の周辺に位置する女性たちの同時代的な経験を記述する狙いを持つ。フェミニスト人類学の方法論に依拠して、女性たちが宗教的資源をどのように自己実現のために活用し、どの方角を目指し何を望んでいるのかを探求していく。

しかし、第一章で述べるように、フェミニスト人類学の知は、単なる方法論に終わるものではない。研究者たちは、「研究対象」である女性たちとフィールドで時間と空間を共有するが、尊厳を持つ存在としての彼女たちの人生を読み解き、読者たちに理解できるものとしてそれを提示しなくてはいけない。人類学で培われてきた長期にわたる他者の語りとの関わり方や、それを表象する時の倫理、政治性の議論への参入は、宗教研究ではしばしば見落とされてきた。フェミニスト人類学によるアプローチが宗教研究に寄与できるのは、不均衡な社会構造の中の女性たちの宗教実践に見られる行為主体のあり方や、その戦術や交渉の微妙さを描き出すことである。

だが、そこには一つの落とし穴がある。本書のもう一つの主眼は、女性たちの自己実現や自己尊厳を評価しつつも、同時に彼女たちを搾取し抑圧する権力構造の働きを等閑視あるいは無化しない語りを提示することにある。いうまでもなく、フェミニスト人類学者たちは、女性たちの不遇な境遇を過度に強調して彼女たちの抑圧の証人になろうとするのではない。しかし一方で、さまざまな宗教文化の中で女性たちがあたかも活発な女性企業家の如く主体を発揮させているかのように描いてしまうことは、家父長制が持つ構造的な暴力や搾取を不問にし、不可視にしてしまう。現代の日本社会がジェンダー主流化といわれながらも現実にはさまざまな不平等をかかえこんだままである事実が示すように、過剰なまでに女性の主体性を強調する描き方は、理論的あやうさを持つといわざるをえない。この問題は本章で後述する。

本書が意図するジェンダーの視点を持つ宗教研究はどのように従来のものと異なっているのか。また、ジェンダーの視点を通して私たちは何を見ようとしているのか。はじめに、宗教研究とジェンダー研究が交差する点を概観していく。

2 ジェンダーの視点と宗教研究

ジェンダーという語の定義に関してはさまざまな論争があるが、本書では、社会・文化的に作り上げられた性別に関する知識や実践という立場をとる。ある時代や文化がどのようにジェンダーを規定するのかによって、その中に生きる女性と男性の生き方は拘束あるいは解放される。ジェンダーのあり方を再定義することは、新しい社会秩序を創り出すことにつながる。

さて、一般に宗教は、信念、儀礼、象徴などを通して「ジェンダー」を形作り、人間を超えた存在の名のもとにそれを正当化し、規範として正統化してきた。[*1] これによって宗教は、ジェンダーが社会・文化的につくられた可変的なものであることを否定して、男女の変わることのない本質を規定していると受けとめられることが多い。つまり宗教は、男女間の階層的差異を固定化し、差別の形成と現状維持に加担してきた、という批判を生み出すのである。たしかに多くの宗教伝統の中で、女性は男性の聖性を脅かす劣ったものと見なされ、儀礼や組織の中でも参画の可能性を狭められてきた。女性の地位や役割は、個人の宗教的資質とは無関係に規定されてきたのである。

このような経緯を踏まえて、ジェンダーの視座を持つ宗教研究は、宗教における女性の周縁化と不可視化に批判の目を開かせ、男性中心主義が生み出した解釈や価値観を疑う批判的視点を意図する[*2]（田中・川橋 二〇〇七：四）。さらにジェンダーの視点は、単一的な「女性の視点」と同義ではない。重要なのは、ジェンダーは、性別に関わる差別と権力構造を明示し社会変革の梃子になる力を生み出す、批判的概念であるということだ。ここで執筆者たちが提示するのは、単なる「未発掘の女性の声」の記録ではなく、ジェンダーの視座を通してこそ浮かび上がってくる民族誌的記述と解釈なのである。

3　宗教研究のジェンダーへの抵抗

多くの場合、宗教が思想、制度両面で女性を拘束し抑圧するように見えるために、宗教の主題はジェンダー・フェミニズム研究において軽視され、宗教研究とジェンダー研究とを接合させる試みは二律背反であるとさえ言われてきた（川橋・黒木 二〇〇四：一三―一六）。また、ジェンダー研究の多くが宗教を忌避してきたのと同様に、宗教研究もジェンダー研究に強い抵抗感を抱いてきた。宗教の立場からは、ジェンダーの視点が神仏などの権威を否定し、宗教が従来守ってきた伝統的な倫理規範を覆すように見えるからである[*3]。このように、宗教研究の中でジェンダーの視点が矮小化されてきたことは、宗教学が標榜する「客観性」あるいは「価値中立」の規範と無関係ではない。宗教学はジェンダーの視野からのアプローチを、学問的中立性を欠く政治的に偏ったものと批判して排除してきたのである[*4]。

しかし、ジェンダーの視座と宗教研究を二律背反と見なすことこそが、宗教を男性中心主義の砦の中に追いやり、魅力のないものにしてしまうともいえる。宗教は本来、暴力や抑圧を正当化するのではなく、社会的弱者のおかれた状況を是正し、人間の平等な尊厳と解放を目指すものであり、その研究にジェンダーの視点が欠落していることこそが、そもそも不適切なのではないか。牧師でもあるアリソン・ボーデンは、女性の権利と宗教に関する著作で、宗教的制度は道徳的力と影響力の貯蔵庫であると述べ、宗教はグローバルなジェンダー正義を保障するために重要で積極的な役割を果たす、と結論づけている（Boden 2007: 171-172）。宗教の象徴的な力と組織力が強大であるがゆえに、宗教はジェンダー平等に敏感なものへと変容あるいは再構築されなくてはいけないのである。

一方、宗教の再構築の作業には注意すべき点がある。女性にとってのエンパワーメントとなる、いわゆる「フェミニスト憲章」を経典や象徴の中に見出しそれを本質化することは、かえって現実の中の差別や不正を覆い隠してしまうことにつながる。たとえば、女神信仰が存在する文化があることは知られているが、女性的なものを肯定的に評価する象徴を有する宗教文化が、女性に高い地位を与えジェンダー平等を支持すると簡単に結論づけるのは、ナイーヴすぎる。ある宗教の本質を恣意的に摘み取ってしまう解釈は、危険性を伴うのである。

近年、イスラームのフェミニスト解釈に関する先鋭的な研究で知られるアイシャ・ヒダーヤトゥッラーは、イスラームが本質的に平等主義でフェミニズムからの批判に耐えうるものであるという主張を撤回することは、多くのムスリム女性を失望させ、さらにイスラームを性差別する宗教と批判した い人たちに燃料を与えることになる、と認めた上で、それでもなお学者としての誠実さを貫くことが、クルアーン（コーラン）のフェミニスト的再解釈の将来を保証することになる、と強調している（Hidayatullah 2014: ix）。本書の執筆者も同様の課題を共有している。

4 主体への転回、あるいは反転

さて、宗教を女性差別の象徴と解釈し、宗教的救済を巧妙に偽装された新たな抑圧と見なす一因には、宗教という場で女性が行為主体（agent）になる可能性への疑いがある。宗教が自己超越や大いなるものへの畏怖や服従を強調するために、女性の自律や自己解放を阻み、結果として女性を男性の権威に従属させてしまうように見えるからである。一方で、宗教史の中での行為主体としての女性のあり方は、時にロマン化されてきた。つまり、例外的にヒロイックな女性のみに焦点を当ててそのイメージを増幅させることによって、抑圧された犠牲者としての女性像を覆そうとしてきたのである。しかし、このようなやり方で女性の主体を実体化することは、不毛なアプローチでしかない。

さらに、近年問題を複雑化するのは、欧米の宗教研究者による日本の宗教と女性に関する言説の動向である。一例としてバーバラ・アンブロスによる古代から現代までの通史的な日本女性と宗教のテキストがある。

彼女は、従来の男性中心主義的な日本宗教史研究が宗教を「女性抑圧の手段」と見なしてきたのに対して、自分の研究は「日本女性の主体（agency）に注目し」、彼女たちが家父長制のイデオロギーをかく乱し、利用し、自らの利益を促進させてきたことを実証する、と冒頭で記している。さらに、家父長制の再生産は女性の協力なくしてはありえなかったと述べ、この説明としてイスラム研究の人類学者サバ・マフムードと、てん足文化を研究する歴史学者のドロシー・コウと、フェミニスト社会学者の上野千鶴子を引用して、従来の解釈への反論として提示している（Ambros 2015: 3-4）。この奇妙な理論的接合の意図するところは宗教と関わる女性の主体への着目であり、アンブロスは、日本の女性たちは宗教史を通じて「月ではなく太陽であった」と結論づけている[*5]（Ambros 2015: 172）。アンブロスがジェンダーの視点から従来の宗教史を修正しようとする試みは尊重したいが、結果として彼女のテキストは女性たちの抵抗を周辺化してしまい、ジェンダー不平等な関係性の分析は不充分なままである。新宗教は底辺の女性に救いをもたらした、あるいは、仏教に性差別はないなどの、また別の種類の男性中心主義的な視点に基づいた従来の言説と同様に、アンブロスの言説も家父長制的な宗教が女性にもたらす抑圧や搾取を不可視にしてしまうのではないか。前述のボーデンが述べるように、女性としての尊厳を尊重されつつ宗教を実践する女性たちはどの宗教文化にも存在する。つまり、女性の権利と宗教へのコミットメントは二律背反ではない。彼女たちは宗教自体を放棄し否定することを望むのではなく、男性中心主義が宗教にもたらした抑圧と不公正を取り除きたいのである。この二つは当然のことながら峻別されなくてはいけない（Boden 2007: xi）。

しかしこのような解釈はアンブロス一人に限定されるものではない。たとえば、現代日本における仏教尼僧の自己認識に関して、女性僧侶はその地位や儀礼の場での役割において男性僧侶よりも劣位におかれているが、宗教者として女性特有の役割を担っているという解釈が、欧米の日本宗教研究でも、一定の評価を得ている。[*6] しかしある程度まで家父長制を内面化した上で演じるジェンダーの役割概念が女性にとっての自己肯定の手段でもあり、性役割を演じることによって獲得するメリットがあるという解釈は、さらなる具体的な事例の抽出が必要なのではないか。いわば限定つきの戦略によって、女性たちに従来許されていなかった異議申し立てが、どの程度まで可能になったのか。そして、女性たちの自己理解や自己実現の認識が、男性たちの側にどのような影響力や変革の意識を与えうるのか、それこそが明らかにされていかなくてはならないであろう。さらに、このように非西洋の女性の主体をいわばパトロンのように庇護する立場は、結果として家父長制的な宗教構造の現状維持の加担につながる危険がある。女性たちを「宗教にすがる家父長制の哀れな犠牲者」と描き出す見方を排除しつつも、彼女たちの主体をロマン化することなく、女性を抑圧するさまざまな権力や差別のヒエラルキーの批判的分析が重視されなくてはいけない。過剰なイデオロギーや理論的対立論争にとらわれすぎるのではなく、現場の女性たちの改革的な取り組みや抵抗について、細かく記述することが重要なのである。

5　周回遅れの第三世界フェミニズム言説

非西洋の女性を、西洋人女性の対極にある「土着の家父長制の受動的な犠牲者」と見なす、いわゆる白人女性のコロニアル・フェミニズム言説に対抗して、第三世界や有色の女性たちが理論的反駁を行うようになってから、ほぼ三〇年がたつ。[*7] 一言でいうと、第三世界のフェミニズム言説やポストコロニアル・フェミニズムは、白人女性のフェミニズムが、有色女性が創造的で能動的な主体であることを否定してきたことに対する異議申し立てであった（川橋 二〇〇七）。

しかし前節で取り上げたような、欧米の女性研究者たちによる言説の流通を見ると、まるで有色のフェミニストによる第三世界のフェミニストの言説が周回遅れで西洋人フェミニストによって流用されているかのような違和感を覚える。非西洋の女性は異質な他者であり、西洋とは異なった「家父長制に抵抗しない主体」を持ち、これこそが彼女たちの主体性の発露なのだと本質化しているように読めてしまうからである。さらに、非西洋の女性が主体的に家父長制的な宗教規範を内面化しているという見方は、奇妙にも、宗教を信じる女性は性別役割を選び取り現状に満足しているのだという伝統的な男性中心主義的見解と呼応してしまっている。二つの時差のある言説は、いわば共犯関係を生み出しているように見える。つまり、主体をめぐる議論の中で起こるこのような反転、あるいはねじれた流用は、コロニアル・フェミニズムの解毒剤にはならないのである。この点に関してロングマンとブラッドリーは、幼女婚、性暴力、名誉殺人、女性性器切除（ＦＧＭ）や持参金殺人など、女性にとって有害な文化的実践を批判的に考察する最近の編著の中で、すべてを自由意思による選択と見る過度な主体的転回（the turn to agency）に警鐘を鳴らしている。[*8] 彼女たちは、女性が経験する拘束と強制力の暴力性とその痛みを軽視して、主体の問題を論じるのではなく、抑圧的な家父長制の下におかれた女性の身体に焦点を当てるフェミニスト的視座の必要性を強調している[*9]（Longman and Bradley 2015: 21-26）。さらに、ジェンダーとエイジェンシーと強制に関する最近の編著でマドックとフィリップとウィルソンは、ロングマンたちと同様に、研究者はフェミニストとしての判断を保留せずに、エイジェンシーを取り巻く搾取の構造や不均衡な力関係に向き合う責任があると強調している。エイジェンシーの問いは、フェミニストとしてのポリティクスと切り離すことはできないのである[*10]（Madhok, Phillips and Wilson 2013: 11-12）。このような、異文化の女性をめぐる過剰なまでの差異の本質化がもたらす問題については次章でも述べていく。

6 宗教の中の女性の人権

現在も、世界のさまざまな場所で、宗教伝統の名の下に、多くの女性たちが苦痛と閉塞感を経験している。女性に有害な文化的慣習に加えて、近年、女性の人権と宗教をめぐって再び注目を集めているイシューは、暴力的な宗教原理主義、いわゆるファンダメンタリズムの問題である。ファンタメンタリズムの支配下にある女性は、共同体の伝統的な宗教規範を具現化する存在と見なされ、それに抗った場合は厳しく糾弾され暴力にさらされる。ファンダメンタリズムが女性の身体と精神をコントロールすることへの抵抗として、フェミニストの立場を表明する女性たちが組織化した運動体であるWAF（Women Against Fundamentalism）も近年編著を出版している[*11]（Dhaliwal and Yuval-Davis 2014）。しかし、WAFのメンバーたちも、彼女たちの運動は宗教そのものを否定し反対しているのではないと明言している。ポストコロニアル・フェミニストのウマ・ナーラーヤンは、「宗教的な伝統とは実際には原理主義者が考えるよりも奥が深い。よって宗教的伝統の人道的で包摂的な側面に訴えることは、問題のあるナショナリズムと結びついた宗教的言説に反駁する際にたいてい有効だろう」と述べている（ナーラーヤン 二〇一〇：五〇）。完全な世俗主義が、女性の尊厳を保証する代替案ということではないのである。

筆者がもっとも尊敬するカナダのフェミニスト宗教学者のモーニィ・ジョイは、宗教研究において女性の人権（Women's Human Rights）を論じる重要性を学会や論文を通して主張し続けている。ジョイは、現代の優れた宗教研究は、現代社会のさまざまな場所で表面化する女性の人権としての権利と宗教との複雑な相互作用を正しく認識し解き明かさなくてはいけないと述べているが、筆者もそのように考えている（Joy 2008, 2013）。

7 本書の構成

これまで女性の宗教的実践が理論化されてこなかったことに対して、本書は標準とされてきた解釈への批判とその解釈の再構築なども含めて、教団の制度の中にいる女性たちとそうではない女性たちとの違いにも着目し、エジプト、インド、ミャンマー、中国、日本をフィールドとする女性研究者が解釈や分析を試みる。それぞれ異なる宗教的文脈の中で、ラディカルな変革を求める実践のみに特化せずに、女性たちの日常の挑戦や交渉の先に見えてくる変革や変容の可能性を理解しようとするものである。以下、本書に収められた各章の要旨を紹介していく。

第一章で川橋は、フェミニスト人類学と宗教研究が交差する場に焦点を当て、全体を流れるテーマを考察していく。女性は民族や国家の独自性や精神的本質を貯蔵する象徴であるかのように見なされ、ヴェールやサティなどの慣習の是非をめぐる議論は複雑化している。イデオロギーや言説の論争の中で見えなくなることの多い女性たちの宗教的な主体の置き所の解釈に関して、フェミニスト人類学は多くの洞察を含んでいる。フェミニスト人類学者は、黎明期から一貫して社会正義や不均衡な権力関係の是正の問いと関わりを持ち、社会活動や女性運動に関わってきた。こうした背景を踏まえ、宗教を実践する「当事者」である女性たちを記述する「研究者」としての女性である私たちの存在を改めて問い直し、その双方が実は多面的に構成されたアイデンティティを持つ存在であり、「インフォーマント」と「エスノグラファー」の間に横たわる関係性も多層的であることを明らかにしようとする。

第二章で小林は、従来、女性の血に関わる穢れの問題や仏教戒律の問題から論じられることが多かった霊山と女性の問題を、従来の学説史とは異なった新たな視座から考察する。この問題は歴史学が先鞭を着け、そこでの議論を踏まえながら、宗教学や民俗学でも研究が進んだが、それらの先行研究をめぐっては、ジェンダーの視点が不十分であったと言わざるをえない。ジェンダーの視点を導入することは、性別に関わる不均衡を明らかにし、周縁化されていた人々の営みに光を当てるものとなる。ことに、山岳信仰研究においては、ジェンダーの視点を持つことで、男性中心主義が根強く残る伝統下で不可視化されてきた女性たちの存在や活動を浮かび上がらせることができる。山岳を修行の場とする女性たちが、女性であるがゆえに直面した困難がいかなるものであったのか、また、どのように自らの修行の場を獲得していったかについて論じていく。

第三章で嶺崎は、イスラーム法の専門家である男性ウラマーと、市井の女性たちとが質問と回答（ファトワー）を通じて出会う場であるイスラーム電話相談を考察する。質問者とウラマーとの交渉の結果がファトワーとして結実するのだが、先行研究ではこの点は等閑視されてきた。嶺崎は二〇〇〇年代エジプトの、イスラーム法に基づく電話相談NPO「イスラーム電話」を事例として、女性からの質問を聞き続けるという行為が何をもたらすかを、ウラマーと女性スタッフについて論じる。女性の悩みを聞き続けることはいったいどのような経験で、それはどのような変化をもたらすのか。調査により、質問を聞くことで培った社会知が、ウラマーの法解釈に影響を与えることが明らかになるが、それは今まで聞こえなかった女性――社会のマイノリティ――の声を聞くことで、権威を持つ側の認識が改まるという経験でもあった。多様な悩みや質問を聞くことが、ウラマーの少数者や弱者へのまなざしを「育てる」のであり、それは相互行為による、弱者視点を包摂するイスラーム解釈の形ができつつあることを示していく。

第四章で飯國は、民政移管後のミャンマーで生じた仏教徒による反ムスリム運動に焦点を当てる。「自衛的」な仏教護持運動の名の下に、急進的な愛国主義的仏教僧により大規模かつ組織的な反ムスリム運動が行われた結果、仏教徒女性と異教徒との婚姻制限や一夫一婦制の導入、改宗時の宗教教育と行政機関への届け出の制度化、特定地域における産児規制といった四つの法案が成立した。その際用いられたのが「仏教徒女性を異教徒（ムスリム）から護る」というロジックである。しかし、彼らの策定した草案は、宗教と民族を守る砦としての仏教徒女性の本質的役割を強調し、その主体性や権利を制限するものであった。反ムスリム運動の旗印となった当事者たる仏教徒女性が、こうした運動をどう捉え、いかに関わる／関わらないという選択をしているかを示すことで、有害なアイデンティティ・ポリティクスと立ち向かう上で、フェミニズムの考え方がいかに重要であるかを論じていく。

第五章で磯部は、上座仏教徒である中国シーサンパンナのタイ族社会を取り上げる。男性が出家を通して社会的身分や属性を更新し、村内の要職に就くことができたのに対し、出家できないタイ族女性は在家信者として僧侶や寺院を支え、積極的に儀礼行為に携わるといわれる。だが、タイ族女性の宗教実践を一括りにし、それを信仰心の表れとして自明視することは、女性というカテゴリ内に生じる差異やそこに見られる権力構造を不可視化してしまう。現代中国の社会変化に伴い、出家者が激減する中、仏教儀礼に参加する男性も減少し、仏教儀礼の参加者は女性が大半を占める。これらの女性たちを仏教儀礼へと動員するのは、家庭や子どもに対する女性（母親）の道徳的責任という性差別の構造であり、男性が出家行動から離脱する中で、家庭内という「私的領域」においては、今なお旧来の出家中心主義を支えてきたジェンダー規範が影響を及ぼしているのである。しかし、女性たちは着実に伝統宗教を支える担い手として再生産されており、そこには仏教儀礼をめぐる既存のジェンダーヒエラルキーを作り替えるプロセスが存在していることを示していく。

第六章で松尾は、インドにおける不妊女性の宗教実践を取り上げる。インドの農村社会では、不妊は女性にとって宗教的、社会的に規範化されたライフコースからの逸脱と見なされるがゆえに、ジェンダー化されたサファリング（苦／苦悩）として捉えられる。人が生きる中で不可避に生み出されるサファリングへの対処は、宗教が果たす大きな役割の一つであり、不妊に関しても同様である。サファリングに対するさまざまな「物語」が文脈に応じて作られる中で、人々にとって重要となるのは、それが信じられ（viśvās）、かつ効能がある（upayog）ものであるのか、ということである。だが、何をもって信じられ、効果があるとされるのかは、社会的に構造化されていると同時に、個人の主体的な選択と実践によって作り上げられている。本章は、不妊を解決するために人々が行う宗教実践とその選択に起因する民俗語彙に注目することで、受苦者である不妊女性たちが、単に受動的な存在としてだけではなく、抑圧的にも働きうる共同性の中で、主体的に社会的関係を切り結んでいることを明らかにする。

第七章で小松は、男女平等が促進されているかのように見える日本で、実際には女性たちは性別役割分担のエートスに苦しんでおり、スピリチュアリティの種々の活動と出会った女性たちが、そこに女性であることを肯定する身体観と世界観を見つけていることを描いている。女性たちが提供するセッションの中では、治す者と治される者という一方向の関係ではなく、自分の経験を自分で解釈し、自分の言葉と枠組みを用いて世界や生き方を定義しなおすことを互いに支えあうものとなっている。

彼女たちは、既成宗教の組織を選ばず、また互いの差異を認めつつ、安心して主体的に自分の物語を語る。それによって、古い価値観が押し付ける罪悪感に逆らう運動となっていることが見えてくる。組織と自分を一体化させてしまいがちな男性社会の中で疎外された経験を持つ女性だからこそ、自分の中の霊性を呼び起こし、自己に誇りを感じ生きるフェミニスト・スピリチュアリティを可能にしていることを明らかにする。

注

＊1　以下の考察は川橋（二〇一二）の第一章と部分的に重複する。

＊2　田中・川橋（二〇〇七）は、ジェンダー研究と宗教研究を融合させるための教科書であり、従来の宗教研究で主流であった異性愛中心主義を問いただす論考も含まれている。

＊3　著名なフェミニスト宗教学者のウルスラ・キングは、ダブル・ブラインドネス（二重の盲目性）という語を用いて、ほとんどすべてのジェンダー研究が過度なほど宗教に対して目を閉ざし無関心であるのと同様に、ほとんどの宗教研究はジェンダーを度外視し、その重要性を見ていない、と述べている（King 2004: 1-2）。

＊4　しかし、八〇年代には北米のフェミニスト神学者たちを中心に、フェミニスト的な宗教研究が台頭してきた。現在では国際宗教学宗教史会議（ＩＡＨＲ）の中に宗教や国籍の境を超えた、女性宗教研究者ネットワーク（ＷＳＮ）が組織され、筆者も運営委員を務めている。また、アメリカ宗教学会（ＡＡＲ）では、性的マイノリティや人種的マイノリティの少数派の女性研究者への相互支援がプログラムの中に組み込まれている。フェミニスト宗教研究に特化した学術誌*Journal of Feminist Studies in Religion*は三〇年の歴史を持ち、これと連動したＮＰＯのＦＳＲ（Feminist Studies in Religion）もインターネットを中心に活動している。今

後日本の宗教学会においても、同様の取り組みが充実することが望まれる（Kawahashi 2014を参照のこと）。

＊5 アンブロスの本の批判は、Kawahashi（2016）で詳しく述べた。なお、彼女の上野千鶴子のテキスト解釈は、上野の数多くのフェミニスト的著作と照らし合わせてみれば、非常に偏った特殊なものであると言わざるをえない。サバ・マフムードへの批判としては、本書の嶺崎の章を参照のこと。またドロシー・コウのてん足研究への批判的書評には磯村（二〇〇七）がある。磯村はコウが提示する女性の主体的悟りは、てん足の苦しみを置き去りにしている、と述べている。

＊6 この解釈を代表するテキストとしてArai（1999）が挙げられる。ここ数年の、アメリカ宗教学会あるいはアジア学会での、日本の宗教と女性をテーマにしたパネルでは、このような動向が顕著になりつつある。これに対して、現代日本仏教の性差別とそれを変容させようとする女性たちの取り組みを描いたものとしては、川橋（二〇一二）と女性と仏教　東海・関東ネットワーク編（二〇一一）を参照。

＊7 代表的なテキストをまとめた邦訳としては、モーハンティー（二〇一二）やナーラーヤン（二〇一〇）が優れている。

＊8 筆者の友人である欧米の白人フェミニスト宗教研究者たちも、このような傾向を「フェミニスト」による新たな宗教的家父長制の弁護であると見て憂慮している。

＊9 やや異なった視点からではあるが、人類学でエイジェンシーと身体の問題を扱ったものとしては、田中・松田（二〇〇六）がある。

＊10 興味深いことに、ロングマンたちもマドックたちも、アンブロスが礼賛するサバ・マフムードの理論的立場を批判している（Longman and Bradley 2015, Madhok, Phillips and Wilson 2013）。

＊11 WAFはファンタメンタリズムのみならず、人種主義に反対することも重要なアジェンダとしている。この組織は一九八九年にロンドンで結成された。

参考文献

磯村美保子　二〇〇七「纏足をめぐるノート――ドロシー・コウ『纏足の靴――小さな足の文化史』を読む」『金城学院大学論集　人文科学編』第三巻第二号。

川橋範子　二〇〇七「ポストコロニアリズム・フェミニズム・宗教」宇田川妙子・中谷文美編『ジェンダー人類学を読む』世界思想社。

川橋範子　二〇一二『妻帯仏教の民族誌――ジェンダー宗教学からのアプローチ』人文書院。

川橋範子・黒木雅子　二〇〇四『混在するめぐみ――ポストコロニアル時代の宗教とフェミニズム』人文書院。

小松加代子　二〇一五「宗教は人々の絆をつくりあげるか――ジェンダーの視点不可欠」『中外日報』二月六日号。

女性と仏教　東海・関東ネットワーク編　二〇一一『新・仏教とジェンダー――女性たちの挑戦』梨の木社。

田中雅一・川橋範子編　二〇〇七『ジェンダーで学ぶ宗教学』世界思想社。

田中雅一・松田素二編　二〇〇六『ミクロ人類学の実践――エイジェンシー／ネットワーク／身体』世界思想社。

ナーラーヤン、ウマ　二〇一〇『文化を転位させる』塩原良和監訳、法政大学出版局。

モーハンティー、C・T　二〇一二『境界なきフェミニズム』堀田碧監訳、法政大学出版局。

Ambros, Barbara 2015. *Women in Japanese Religions*. New York and London: NYU Press.

Arai, Paula 1999. *Women Living Zen: Japanese Sōtō Buddhist Nuns*. New York: Oxford University Press.

Boden, Alison L. 2007. *Women's Rights and Religious Practice*. Palgrave Macmillan.

Dhaliwal, Sukhwant and Yuval-Davis, Nira（eds.）2014. *Women Against Fundamentalism*. London: Lawrence and Wishart.

Hidayatullah, Aysha A. 2014. *Feminist Edges of the Qur'an*. Oxford University Press.

Joy, Morny 2008. Women's Rights in the Context of Religion. *Swedish Yearbook of the History of Religions*. April 2008.

Joy, Morny 2013. Women's Rights and Religions: A Contemporary Review. *Journal of Feminist Studies in Religion* 29（1）.

Kawahashi, Noriko 2014. A Voice from Troubled Japan. *Journal of Feminist Studies in Religion* 30（2）.

Kawahashi, Noriko 2016. Book Review: Barbara Ambros, Women in Japanese Religions. *Reading Religions*, July 2016.

King, Ursula 2004. General Introduction. In Ursula King and Tina Beattie（eds.）, *Gender, Religion and Diversity: Cross-Cultural Perspectives*. London: Continuum.

Longman, Chia and Bradley, Tamsin（eds.）2015. *Interrogating Harmful Cultural Practices*. Ashgate Publishing Company.

Madhok, Sumi, Phillips, Anne and Wilson, Kalpana（eds.）2013. *Gender, Agency and Coercion*. Palgrave Macmillan.

第1章

フェミニスト人類学がまなざす女性と宗教

川橋範子

1　はじめに

宗教は、女性にとって解放と縛りの両義的な意味を持ち、一方では女性を排除し他方では取り込もうとするといわれる。本書で明らかにされるように、女性は民族や国家の独自性や精神的本質を貯蔵する象徴であるかのように見なされ、ヴェールやサティなどの慣習の是非をめぐる議論は複雑化している。これらを男性による女性支配の刻印と見る一部の西洋のフェミニストに対して、そのような見方は非西洋女性の行為主体性を軽んじるコロニアリズムや帝国主義の産物であり、フェミニズムは西洋に特有の人権論にすぎない、という反論が、当事者の女性および彼女たちの「同朋」男性たちから提示される状況がある。

しかし、ナーラーヤンが指摘するように、西洋人フェミニストの中には、人種主義や植民地主義のそしりを恐れて、非西洋の女性と文化に対する否定的見方や道徳的批判を避けるために文化相対主義的な立場をとるケースも見られる。その反面、自己が属する文化の家父長制を少しでも批判すれば、西洋の帝国主義的な視点に同調する「文化的裏切り者」と呼ばれるのではないかと恐れる非西洋社会のフェミニストもまた存在する（ナーラーヤン 二〇一〇：二一二、二一六）。このようにして、女性たちは何重にも分断され力を奪われていくことになる。[*1]

序章で述べたように、本書は、このようなイデオロギーや言説の論争の中で見えなくなることの多い女性たちの宗教的な主体の置き所について、綿密なフィールドワークに基づき考察するものである。女性たちの声は、内部の民族主義者と外部のコロニアリストとの双方に回収されてしまう場合が多かった。土着の家父長制の擁護にも、オリエンタリスト的な裁定にもつながらないフェミニスト的解釈は、どうあるべきなのか。その可能性の一つを本書では探っていく。

さまざまな文化でのフィールドワークを通して、フェミニスト人類学は、男性フィールドワーカーによる男性インフォーマントの声に依拠したデータと、女性フィールドワーカーによる女性のインフォーマントの声に依拠したデータの差異に注目した。この男女のエスノグラファーの前に立ち現れる民族誌的事実の違いは、民族誌的表象が事実を客観中立的に写しとったものではなく、民族誌的知とは構築されたものであるという、いわゆるポジショナリティや立場性の問いを生み出した。

さらに、女性エスノグラファーが、フィールドでの人々との関わりの中で、自己のジェンダー・バイアスに直面することもある。たとえば、異国の女性「研究者」であるがゆえに、現地の女性には与えられない「名誉男性」的な地位を享受してしまうこともあるのではないか。フェミニスト人類学者の宇田川妙子は、人々と直接に関わって調査をする人類学者は「顔なし」でいることはできない、と記している[*2]（宇田川 二〇一五：二二三）。また速水洋子は、エスノグラファーはフィールドワークを始めた時点ですでに現地（現場）に介入している、と述べている（速水 二〇〇六：四七四）。

こうした背景を踏まえ、本書の執筆者たちは、宗教を実践する「当事者」である女性たちを記述する「研究者」としての私たちの存在を改めて問い直し、その双方が実は多面的に構成されたアイデンティティを持つ存在であり、「インフォーマント」と「エスノグラファー」の間に横たわる関係性も多層的であることを自覚している。

後述するように、フェミニスト・リサーチは一元化を否定する。つまり、単一のフェミニスト人類学が方法論として存在するのではなく、エスノグラファーは女性の解放のあり方を一枚岩であるかのように規定するのでもない。この章は、フェミニスト・リサーチャーが女性の経験を描く時の限界や矛盾を裁定するのではなく、そのジレンマと可能性を考察するものである。[*3] また本章は、フェミニスト人類学の多岐にわたる洞察の中から、特に女性の宗教経験の解釈に有用な側面に焦点を絞っていることを強調しておく。したがって、女性と男性に関連した私的・公的領域の区分や、自然と文化という概念の問題など、フェミニスト人類学の学説史上のパラダイム的な論争のレヴューに関しては、宇田川・中谷編（二〇〇七）や宇田川（二〇〇三）を参照されたい。[*4]

2 人類学・フェミニズム・宗教研究の気まずい関係

人類学とフェミニズムの間には、「いごこちの悪い気まずい関係（awkward relationship）」が存在するといわれる。この表現は、フェミニスト人類学者のマリリン・ストラザーンがフェミニズムと人類学の関係を表す際に用いたことで知られている（Strathern 1987）。これは人類学が「他者」との経験の共有や一体感を目指すのに対し、フェミニズムは「他者（男性）」による抑圧への自覚や社会的不正への怒りや抵抗を要求するため、フェミニズムと人類学はいごこちが悪く気まずい関係にある、という主張である。さらに前章で述べたように、宗教とフェミニズムもお互いを否定しあう共存不可能な気まずい関係にある、と見なされてきた。つまり、本書のように、フェミニスト人類学と宗教研究を接合させようとする試みは、いわば三重苦の状態におかれているともいえる。

他者の経験をフィールドワークに基づいて判断し説明しようとする時、リサーチャーは自文化中心主義的態度を戒めると同時に、フェミニストとしての道義的スタンスに基づいて、自身が研究する宗教文化のジェンダー不均衡や女性の苦境を根絶したいと願う。このジレンマは、いわゆるダブルバインドの状況を生み出す（Longman and Bradley 2015: 21）。しかし、このような問題意識から宗教と関わる女性についてエスノグラフィーを描くことは、困難であるがゆえに意味があるということを、本章では明らかにしていきたい。

3　批判的知としてのフェミニスト人類学

本書のバックボーンであるフェミニスト人類学は、黎明期から一貫して社会正義や不均衡な権力関係の是正の問いと関わりを持ち、社会活動や女性運動に関わってきた。フェミニスト人類学者の多くは、女性の抑圧に関する研究が、研究される対象である女性たちの抑圧的な状況を変革するような知識であることを提唱する。フェミニスト人類学のパイオニアの一人であるルイス・ランファーは、フェミニスト人類学の歴史はつねに批判（critique）であった、と総括している。つまり、それは、女性の人生を規定する社会構造や文化的イデオロギーへの批判的評価と、それらを取り扱う人類学の理論的な改革を推進してきたのである（Lamphere 2006: x）。

二〇一三年に設立二五周年を迎えたＡＦＡ（Association for Feminist Anthropology）は、アメリカ人類学会の下部組織であるが、自らの歴史を概観する文章の中で、ＡＦＡがジェンダーと人種、エスニック集団、セクシュアリティ、階級など、さまざまなアイデンティティの交差点を探求する人類学を目指してきたことを記している。ＡＦＡの創設期のミッションステートメントには、人類学のすべての領域でフェミニスト的な分析視座を培い、フェミニスト研究者間の対話を促進することに加えて、ジェンダー差別に関する情報を、学会と一般社会に向けて発信することが明記されている。さらに、AFAが設立当初から、フィールドで研究対象とされる人々と研究者との間の不均衡な力関係の分析を目標の一つに挙げていることも、重要である（Nuzman 2014）。

このようにフェミニスト人類学は、すぐれて倫理・政治的であり身体的で知的な営みである。南インドをフィールドにするラーダ・ヘグデは、貧困の中で子どもを産み続ける村の女性たちとの関係性について、彼女のアカデミックなフェミニズムはそのような女性たちの抑圧を取り除く力を持ちあわせていないと記している。そして、民族誌のテキストを描く時、リサーチャーは人類学というアカデミックなフレームワークの中で受け継がれてきた言語構造の中に他者を取り込んでいるのであり、この行為は、現実の生きた女性たちを異質で非合理な他者として凍結してしまうことを意味するのではないかと問いかけている（Hegde 2009: 292-294）。この問題は、本章の後半で再び取り上げる。

4　女性間の虚偽の同一化

フェミニスト人類学は、他文化の女性たちとの出会いを通して、「女性」というカテゴリーがさまざまな差異を内包し、普遍的な女性の経験に基づく単一のフェミニズムというものは存在しえないことを明らかにしてきた。もっとも重要な洞察は、女性を対象にして行った研究は、研究者が女性であるという事実そのものによって解釈の妥当性を保証されることはないということである。ヘンリエッタ・ムーアは、フェミニスト人類学の正典的なテキストの中で、他者について書く行為は、我々が「他者になりかわって彼ら、彼女たちを代弁してしまう可能性を必ず含んでいる」と指摘している。フェミニスト・エスノグラファーは、男性による女性の表象を覆そうと試みてきたが、彼女たち自身もまた、他の女性たちを代理表象してしまっていたのである（Moore 1988: 191）。

同じくフェミニスト・エスノグラフィーの古典であるジュディス・ステイシーの議論は、研究者と研究対象の女性たちが「女性」というジェンダーを共有するがゆえに、両者の間に共感や相互性が存在すると想定するのは、女性による女性への搾取や女性間の力関係を不可視にする危険性があると強調している[*5]（Stacy 1988: 24）。従属や抑圧の軸は複数存在するのであり、複雑に交差する人種や民族や階級や性的指向が生み出す差異を覆い隠して単一の女性の普遍的アイデンティティを想定すれば、そのことが多くの女性たちから声を奪ってしまう。その場合、差異を消去する力を持つのは強者の側に立つ女性たちである。

また、エスノグラファーが書くテキストは、フィールドの女性が提供した語りを彼女たちが想像もしていないような目的のために利用しているのかもしれず、テキストの中ではどのようにも解釈学的な処理をほどこされてしまう（Abu-Lughod 1993: 36; Stacy 1988: 23）。このように考えれば、フェミニスト・エスノグラフィーを書くことは、本来、ためらいやあいまいさをはらみ、研究者と現地の女性との間の安易な自己同一化や解釈の一元化を否定するはずであり、筆者を含め本書の執筆者たちは、この問いを絶えずフィールドでつきつけられてきた。[*6]

思想史研究者の酒井直樹は、人類学者とネイティヴが「同じ時を生きる」存在である必要性を説いている。両者はお互いに対して開かれているのでなければならず、そのとき両者はともにアドレスしあう関係にあり、「返答する責」を負ったものとして関わりあっている。これを酒井は共在性と呼んでいる。共在性とは、私が他者の「まなざしに暴露されている」ことを意味している（酒井 二〇〇一：二二五—二二六）。いいかえれば、フェミニスト・エスノグラファーとフィールドの女性たちとは完全に分離できるものではなく、「私たち」も「彼女たち」に見られているのである。そうであれば、フェミニスト・エスノグラファーに求められるのは、自らのテキストの権威を絶対化しない自己言及性や他者のまなざしへの応答責任であろう。つまり研究者としてのポジションを特権化せずにフィールドの女性たちと同じ水平面に身をおき、彼女たちの見返す主体としての視線に真摯に向きあう姿勢である。当然のことながら、自らの語りの正当性を問いただすことは、ためらいやいごこちの悪さを伴う。

それでは、エスノグラファーがフィールドの女性たちとともに語りを作っていく可能性には、どのようなものがあるのだろうか。一つのフェミニスト・エスノグラフィーを取り上げて、この問題を考えてみたい。

5 私のテキストなのか、彼女のテキストなのか？

『ママ・ロラ』は、アメリカのドゥルー大学で教鞭をとり、二〇一五年に亡くなった、白人の女性人類学者であるカレン・マカーシー・ブラウンによる、ハイチからニューヨークに移民した、ママ・ロラと呼ばれるヴードゥーの女性司祭の「民族誌的なスピリチュアル・バイオグラフィー」である。*7 一九九一年に出版されたこの書は、一〇年後の二〇〇一年に新しく書き下ろされた序文をつけて再版された。その後マカーシー・ブラウンは、急激に進行する認知症を患い、研究の場を退くことになる。そのため、二〇一〇年に同僚のクローディン・ミシェルの手による、この本の重要性を改めて評価する序文を付け加えて、再び出版された。ミシェルは、『ママ・ロラ』は、宗教、人種、文化、ディアスポラ・トランスナショナリズム、階級、ジェンダー、セクシュアリティなどの相互関係を論じた、フェミニスト研究と宗教学と人類学のすべての分野を横断するエポック的なテキストである、と述べている（Michel 2010: ix）。マカーシー・ブラウン自身は二〇〇一年の序文で、長期にわたるママ・ロラとの交流の中で、彼女が理解していると思っていたママ・ロラとの関係性の問い直しを迫られたことを告白している。そしてこの経験は、民族誌に描かれる当事者の女性の声とそれを記述する研究者の側の語る権威の問題と密接に関わっているのである。

マカーシー・ブラウンは、『ママ・ロラ』を書き始めた当初から、彼女のエスノグラフィーの中で語るのは誰で、そしてそれはどの視座からなのか、の問いを抱えていたという。当時アメリカではジェイムズ・クリフォードとジョージ・マーカスの『文化を書く』に代表されるポストモダン・エスノグラフィーが強い影響力を持っていた。よく知られているように、ジェイムズ・クリフォードとジョージ・マーカス編の『文化を書く』(Clifford and Marcus eds. 1986) は、人類学の実践を脱植民地化するための反省を促す大きな問題提起であり、「民族誌的権威の分散」という現象を引き起こした。エスノグラフィーを人類学者の占有物と見なすことは、もはや不可能になったのである[*8](太田 二〇〇九)。当時を振り返って、彼女にはママ・ロラを搾取することも捻じ曲げることも破壊することもないような語りを描くことは不可能に思えた、と述べている (McCarthy Brown 2010: xxxiii-xxxiv)。

彼女のエスノグラフィーは出版後大きな賞賛を受け、ポストモダン民族誌とフェミニスト民族誌の代表作の一つと見なされるようになっていた。だが、マカーシー・ブラウンは、ママ・ロラの多彩で流動的な活動の語りをエスノグラファーとして書き込み形作っていく作業の困難を自覚していくことになる。彼女は、自分の役割を、本を生み出すプロセスの単なる「産婆的」介在であるとは思っていなかった。なぜなら、ママ・ロラの人生の中から個別の声を選び取り、その意義を明確化して一つの語りとして編んだのはマカーシー・ブラウンであったからだ。本が有名になるにつれ、ママ・ロラが彼女の本を「私の本 (my book)」と呼び、マカーシー・ブラウンをママ・ロラの物語の単なる収集家のように他人に紹介し始めた時、マカーシー・ブラウンはある種の居心地の悪さを感じ始める。ためらいつつもマカーシー・ブラウンはママ・ロラに、「私たち二人が関与した本なのだから『私たちの本(our book)』と呼ぶことにしない?」と告げることになる。その時、ママ・ロラは彼女の思いを瞬時に汲み取り、その後は「私たちの本」と呼ぶようになった、とマカーシー・ブラウンは記している(McCarthy Brown 2010: xxxvi-xxxvii)。

『ママ・ロラ』が示すように、エスノグラフィーは書く作業が終了すれば完結するのではなく、フィールドの女性たちとエスノグラファーとの関係性は未来に向けて開かれている。前述の、クリフォードとマーカスの『文化を書く』を、フェミニスト的批判を通して改訂することを試みた『文化を書く女性』の編者の一人のデボラ・ゴードンは、民族誌の書き方について、「誰が読み、誰が書き、何の目的でどのような効果をもたらすのか」の問いを再考する必要性を説いている(Gordon 1995: 386)。特に女性を研究対象とするフェミニスト・エスノグラファーにとっては、自分がどのような立場から、誰に向けて、何のために語っているのか、熟考することが求められる。自分が誰のためにどの位置から書き、そしてそれを誰とどこでどのように読んでいくのか、が問われるのである。この意味で、序章で批判的に論じた、主体をめぐる議論のねじれた反転、あるいは過剰な主体的転換は、研究者がどの立場から誰に向けて他の女性たちについての語りを作っているのかに関する自己再帰性が欠如していると言わざるをえない[*9]。

6　過剰な差異の言説の中で

前章で紹介したカナダのフェミニスト宗教学者のジョイは、女性と宗教をめぐる言説の中で、西洋対イスラームのような有害な二項対立が強調されていることに警鐘を鳴らしているが、その一つに女性の人権対マルティカルチュラリズムという対立項を挙げている。彼女が憂慮するのは、過剰な差異の本質化が生み出す、いわゆるずさんなマルティカルチュラリズム（sloppy multiculturalism）であり、本章の冒頭で記した文化相対主義的な見方とも呼応するものである。彼女は、伝統や文化の名の下に「宗教」が女性の人権へのバックラッシュを引き起こす動きに取り込まれていることを指摘し、表面的には他者の文化的差異やアイデンティティを尊重するかのようなスタンスが持つ陥穽について述べている（Joy 2008: 188-194）。

この問題を理解するための有用な補助線となるのは、ナンシー・フレイザーの正義をめぐる議論である。フレイザーは、ある種のマルティカルチュラリズムが依拠する、差異を「本質的にポジティヴなものであり、本来的に文化的なもの」と見なして称揚する立場の欺瞞性を鋭く分析する。彼女によると、これはアイデンティティの実体化であり、集団を一枚岩と見なすことによって、その構成員間の物質的な不平等や力の偏差、支配と従属の関係などを等閑視することである。その結果、集団内の周辺に位置する弱者がこうむる抑圧の不可視化につながるという(フレイザー 二〇〇三:二八〇)。

前述したように、人類学者のロングマンたちも、有害な文化的慣習の受容を自由意思による主体的実践と解釈することに異議を唱える。彼女たちは、過剰なポストコロニアリズム言説と、人類学に見られる伝統的な文化相対主義と、すべての文化的差異を本質的に肯定するある種のマルティカルチュラリズムの接合は、女性の人権と宗教をめぐる問題系への建設的な介入にはならないと論じている(Longman and Bradley 2015: 21-23)。つまり、研究者側の自己審問が文化の解釈学において重要であるのは間違いないが、それが単なる言説論争やイデオロギーの対立に還元される時、当事者の女性たちの声が聴かれることはなくなってしまうのである。フィールドで女性たちと時間と空間を共有するエスノグラファーは、このことを忘れてはいけない。

7 フェミニスト・エスノグラフィーは終わらない

現在日本のアカデミアでは、フェミニスト人類学は拡散し、方向性が不明瞭あるいは鎮静化しているように受け止められることも多い(宇田川・中谷 二〇〇七:三)。しかしこれまで論じてきたように、フェミニスト・エスノグラフィーは単なる方法論ではない。それは宇田川が述べるように、「常に批判し、新たな現実の側面を提示し続けていくという未完の作業」であり、その可能性は「われわれをさらに緊張した議論へと導いていく」であろう（宇田川 二〇〇三：一八一）。フェミニスト人類学が苦境にあるのであれば、私たちは新しいフェミニスト・リサーチとフェミニスト・エスノグラフィーを理論化し発展させる可能性を探していかなくてはいけない。特に、欧米で生まれたこの学問を日本の文脈で実践する私たちの課題は、また個別である。白人ではない女性研究者として非西洋社会の女性とどのように向き合うのか。そして、日本社会の中の事象を研究する時の自己の立ち位置はどのようなものなのか。[*10] いずれの場合にも、私たちと当事者の女性たちの関係性は、フィールドの中と外でたえず問いただされていく。必要であるのは、彼女たちについての書き込みを行う時、私たちが自らの文化への再帰性を失わないことである。日本の社会にも、暴力や貧困が存在することは明らかである。フィールドの女性が拘束や暴力に苦しむ事実を、遠くの女性たちの問題と他者化するのではなく、私たち自身も同様の経験をしているのだ、という覚醒を持ち続けることが求められるといえよう。

注

＊1 たとえば、一神教の理解をめぐって、ハテムは、西洋のキリスト教が合理性と平等主義の実践と結びつけられる一方、イスラームのような「オリエント」の宗教は宗教的因習に基づく性の不平等と暴力や非合理性と同一視されてきたと述べている。さらにハテムは、一九世紀には、単婚制の神聖な結婚の絆によって夫と結ばれているユダヤ・キリスト教社会の女性とは異なり、イスラーム社会の女性は、一夫多妻制と高い離婚率の犠牲者であると見なされていたのに対して、近代のリベラルな風潮が西洋社会での離婚率を高めると、

今度は離婚率の高さがキリスト教社会の女性の自由の証と解釈されるようになり、反対にイスラーム女性は伝統的家族観にしばられた従属する存在と見なされるようになった、と批判している（Hatem 1999: 1056-1057）。

＊2　宇田川は、「女性人類学」や「ジェンダー人類学」という用語ではなく、あえて「フェミニスト人類学」という名称を選ぶことについて、「フェミニズムとはこの領域誕生のきっかけであっただけではなく、より根源的な問題意識の所在を示すからである」と明確に述べている（宇田川 二〇〇三：一五七）。また欧米ではフェミニスト人類学（feminist anthropology）の名称が一般的であり、アメリカ人類学会の下部組織としてＡＦＡ（Association for Feminist Anthropology）が設立されている。

＊3　以下の考察は川橋（二〇一二）の第二章、および川橋・黒木（二〇〇四）の第二章と部分的に重複する。

＊4　宇田川と中谷文美が編集した『ジェンダー人類学を読む』は、筆者もメンバーとして参加した国立民族学博物館の共同研究のプロダクトであり、日本におけるフェミニスト人類学の集大成である（宇田川・中谷編二〇〇七）。また、宇田川が編集し、中谷と筆者が執筆した『民族学研究』第六八巻第三号の「〈特集〉ジェンダーの人類学――その困難からの展開」は、フェミニスト人類学の理論的な課題を考察した特集号である。その他に、田中・中谷編（二〇〇五）、山本（二〇〇七）、川橋（一九九七）、アードナー／オートナー他（一九八七）も参照されたい。英文のアンソロジーとしてはルウィン編（Lewin ed. 2006）、ゲラーとストケット編（Geller and Stockett eds. 2006）、ベハーとゴードン編（Behar and Gordon eds. 1995）などがある。フェミニスト研究のジャーナル『サインズ（*Signs*）』の社会科学へのフェミニスト的方法論をまとめた特集号（第三〇巻四号、二〇〇五年）も有用である。また、近年のアカデミックなリサーチとアクティヴィズムの関係を論じたアンソロジーにはクレィヴンとデイヴィス編（Craven and Davis eds. 2013）がある。

＊5　ステイシーはさらに、エスノグラファーは自分の目的さえ達成されれば、いつでもフィールドをあとにすることができると述べ、これをエスノグラファーと現地の女性との間の不均衡な力関係の一例と見ている

（Stacy 1988）。

＊6　人類学者が現地の女性に自らのリサーチを還元し共有しようと試みる時、たとえ現地の言葉でエスノグラフィーを書いたとしても、それはフィールドの女性たちと完全に共有できるものにはならないのではないか。研究者が作り上げたテキストの中のさまざまな学術用語はフィールドの女性たちの言語世界には属していない、という問題は解決されないからである。

＊7　原題は *Mama Lola: A Vodou Priestess in Brooklyn* である。アメリカでも、ポピュラー・カルチャーやメディアの中にはヴードゥーに対する偏見が多く見られる。筆者は、プリンストン大学の宗教学科で学んでいた時、まだ出版前の『ママ・ロラ』に関するマカーシー・ブラウンの連続講演を聞く機会があった。当時は、コロニアリスト的な態度で日本の宗教と女性を研究する白人女性研究者に苛立ちをおぼえていたこともあり、マカーシー・ブラウンが、彼女の研究対象のヴードゥー女性に真摯に向き合う姿に感銘をおぼえたことをよく記憶している。

＊8　『文化を書く』（一九九六、春日直樹他訳、紀伊國屋書店）の原語本は、出版二五周年記念のアニヴァーサリー版も刊行されている。太田好信はしかし、『文化を書く』が、民族誌の客観性を否定する好ましくない現象と見なされ、いわゆる「ライティング・カルチャー・ショック」という名指しで矮小化された日本の状況についても記している（太田 二〇〇八：五三）。このような、『文化を書く』で提示された民族誌の表象と権力の問題が人類学にネガティブな効果をもたらした、という受け止められ方に類似した反応は、宗教学におけるジェンダーの視座の導入に関しても見られる。筆者が耳にした例には、ジェンダー概念が流通したことによって、これからの宗教学者は性差別的な宗教を批判しないといけなくなるので研究上やっかいだ、というものがあった。

＊9　加藤恵津子は、日本の女性をめぐる欧米の白人女性人類学者たちの研究が、かつての従属的で受動的な日本女性の主体像から、「白人と性交したい日本女性」という過度にエロス化された「主体性」に転換されたこ

とを指摘している（加藤 二〇一六）。

＊10 ネイティヴのフェミニスト・エスノグラファーが抱える問題系については、川橋（二〇一二）の第二章で詳しく論じている。

参考文献

アードナー、エドウィン／オートナー、シェリ・B他 一九八七『男が文化で女は自然か？』山崎カヲル監訳、晶文社。
宇田川妙子 二〇〇三「ジェンダーの人類学」綾部恒雄編『文化人類学のフロンティア』ミネルヴァ書房。
宇田川妙子 二〇一五『城壁内からみるイタリア――ジェンダーを問い直す』臨川書店。
宇田川妙子・中谷文美編 二〇〇七『ジェンダー人類学を読む』世界思想社。
太田好信 二〇〇八『亡霊としての歴史』人文書院。
太田好信 二〇〇九『増補版 民族誌的近代への介入』人文書院。
加藤恵津子 二〇一六「語られる『日本女性』」桑山敬己編『日本はどのように語られたか』昭和堂。
川橋範子 一九九七「フェミニストエスノグラフィーの限界と可能性――女による女についての女のための民族誌？」『社会人類学年報』二三。
川橋範子 二〇一二『妻帯仏教の民族誌――ジェンダー宗教学からのアプローチ』人文書院。
川橋範子・黒木雅子 二〇〇四『混在するめぐみ――ポストコロニアル時代の宗教とフェミニズム』人文書院。
酒井直樹 二〇〇一「共感の共同体と空想の実践系」『現代思想』第二九巻第九号。
田中雅一・中谷文美編 二〇〇五『ジェンダーで学ぶ文化人類学』世界思想社。
ナーラーヤン、ウマ 二〇一〇『文化を転位させる』塩原良和監訳、法政大学出版局。
速水洋子 二〇〇六「序に代えて」『文化人類学』第七〇巻四号。

フレイザー、ナンシー　二〇〇三『中断された正義――「ポスト社会主義的」条件をめぐる批判的省察』仲正昌樹監訳、お茶の水書房。
山本昭代　二〇〇七『メキシコ・ワステカ先住民農村のジェンダーと社会変化』明石書店。
Abu-Lughod, Lila 1993. *Writing Women's Worlds: Bedouin Stories*. Berkeley: University of California Press.
Behar, Ruth and Gordon, D. A.（eds.）1995. *Women Writing Culture*. University of California Press.
Clifford, James and Marcus, George E. 1986. *Writing Culture*. University of California Press.
Craven, Christa and Davis, Dána-Ain（eds.）2013. *Feminist Activist Ethnography*. Lexington Books.
Geller, Pamela L. and Stockett, Miranda K.（eds.）2006. *Feminist Anthropology: Past, Present and Future*. University of Pennsylvania Press.
Gordon, Deborah A. 1995. Border Work: Feminist Ethnography and the Dissemination of Literacy. In Ruth Behar and D. A. Gordon（eds.）, *Women Writing Culture*. Berkeley: University of California Press.
Hatem, M. F. 1999. Women and Religion: Monotheistic Traditions and Orientalism. In S. Young（ed.）, *Encyclopedia of Women and World Religion* Vol.2, Macmillan Reference U.S.A.
Hegde, Radha S. 2009. Fragments and Interruptions. *Qualitative Inquiry* 15(2): 276-296.
Joy, Morny 2008. Women's Rights in the Context of Religion. *Swedish Yearbook of the History of Religions*, April, 2008.
Lamphere, Louise 2006. Foreword: Taking Stock: The Transformation of Feminist Theorizing in Anthropology. In Pamela L. Geller and Miranda K. Stockett（eds.）, *Feminist Anthropology: Past, Present, and Future*. University of Pennsylvania Press.
Lewin, Ellen（ed.）2006. *Feminist Anthropology: A Reader*. Blackwell Publishing.
Longman, Chia and Bradley, Tamsin（eds.）2015. *Interrogating Harmful Cultural Practices*. Ashgate Publishing

Company.

McCarthy Brown, Karen 2010. *Mama Lola: A Vodou Priestess in Brooklyn*. University of California Press.

Michel, Claudine 2010. Foreword to the 2010 Edition: Mama Lola's Triplets: Three Decades, Three Rituals, Marasa Twa. In Karen McCarthy Brown, *Mama Lola*. University of California Press.

Moore, Henrietta L. 1988. *Feminism and Anthropology*. Minneapolis: University of Minnesota Press.

Nuzman, Rachel 2014. Twenty-Five Years of Feminist Anthropology: A History of the Association for Feminist Anthropology, January 2014, Association for Feminist Anthropology, http://www.aaanet.org/sections/afa/.

Stacy, Judith 1988. Can There Be a Feminist Ethnography? *Women's Studies International Forum* 11(1).

Strathern, Marilyn 1987. An Awkward Relationship: The Case of Feminism and Anthropology. *Signs* 12(2).

第2章

ロマン化されたイメージに抗う

日本における霊山と女性行者

小林奈央子

1　はじめに――「女性行者」に付されるイメージ

「なにか人生をリセットしたいとか、癒しを求めているとかじゃないんですか」

若い男性記者は鼻息を荒くしながら、大峰山中で筆者にこう詰め寄った。また、人生に行き詰まりや悩みがないかさかんに尋ねてきた。その問いかけに対して、筆者は幾度も首を横に振ったが、彼は納得しない様子で、ついには舌打ちをして筆者のもとを離れていった。記事に相応しいコメントの言質が取れず、イラついていたのだろう。研究調査のため、本山修験宗・聖護院門跡（京都府）が行う大峰奥駈修行（おおみねおくがけしゅぎょう）に参加していた折であった。

大峰奥駈修行とは、五泊六日の行程で、大峰山脈の吉野から前鬼までを縦走したのち、熊野に詣でる修験道の修行であり、例年聖護院の内外から八〇名を超える参加がある。そのうち約四分の一は女性が占め、その男性記者が取材のために同行していた年も、二五名ほどの女性が参加していた。彼は参加者の中でも比較的若い女性をつかまえては、奥駈修行に参加した理由を聞き出そうとしていた。そしておそらくは、山岳修行によって、閉塞感を抱える「人生をリセットしたい」、「癒しを求めている」現代の若い女性たち――というような趣旨の記事にしたいと考えていたのだろう。そのとき筆者は、多様な動機から参加している女性たちの個々の声は消され、こうして書き手の意図するところに従って、画一的なイメージで表象されていくのだという怖さを感じた。そして同時に、自分自身も先入観をもって霊山で修行する女性たちを調査してはいないか、自分にとって都合のよい語りを意図的に引き出そうとしていないかと、自らの調査姿勢を顧みる機会となった。

しばしば霊山で修行する「女性行者」には、なにか特別な動機づけがあると思われている。家族に恵まれない、家庭での不幸といった不遇や困難、常人にはない経験が、苛烈な修行へ向かわせるというイメージがついてまわる。不遇や困難が、「女性行者」に付帯する特徴のように本質化していることも少なくない。しかし、筆者の調査からは、不遇や困難の背後には、男性中心主義や家父長制社会の存在があり、「女性行者」だからではなく、女性という性別ゆえにそれらを引き受けざるをえなかったと考えられる事例の方が多い。[*1]「女性行者」と人生の不遇や困難の安易な結びつけは、それらを生み出している一因でもある、社会の構造や制度の問題、男性に比べ選択肢が限られ、入行によってしかそれらの克服、自己実現を図れなかったなどの現実を見落とす可能性がある。また、多くの信者を獲得し、宗教家として大成したような一握りの女性行者や、女性には制約の多い霊山で、けなげに修行に向き合う「信心深い女性」の姿が称揚されロマン化されることで、山岳信仰の世界において、実際には厳として存在する性差別的な慣習やジェンダー不均衡の実態が不可視化されてきた面がある。

本章では、霊山とそこで修行する女性について、性別に関わる不均衡を明らかにし、周縁化されてきた人々の営みに光を当てるジェンダーの視点を通して考察を進めたい。前半は、霊山と女性をめぐる先行研究におけるジェンダー視点不在の問題について論じ、後半は、長く「男性の行場」とされ、男性中心主義が根強く残る霊山において、女性行者たちが、女性というジェンダーゆえに直面した困難がどのようなものであったのか、また、どのように修行の場を獲得し活動を継続させてきたかを、木曽御嶽および大峰山を行場とする女性行者の事例をもとに詳述していきたい。

2 霊山と女性をめぐる先行研究——ジェンダー視点の不在

霊山と女性をめぐっては、従来、女人結界の問題、そして、その根拠ともなっている女性に対する不浄観（血穢）や戒律の問題などからさかんに論じられてきた。これらの問題に早くから着目し研究を進めてきたのが歴史学である。歴史学の研究者によれば、元来、女性の生理的現象にともなう忌は、その期間のみに限定されたものであった。それが女性との性交渉を未然に防ごうとする仏教寺院における戒律の問題や、五障・変成男子などの仏典に見える女性蔑視思想、尼寺の退転、さらには平安時代の政治的支配層による家父長制の強調などと結びつくことによって、女性を恒常的に清浄とされる領域から排除する、結界が成立したという。*2

歴史学における研究が進展する一方、民俗学や宗教学においても霊山と女性、女人結界や女人禁制に関わる問題が論じられてきた。民俗学では、柳田国男による「妹の力」に触発された研究者たちにより、女性の霊的優位性を自明視する研究も少なくない。『女の霊力と家の神』（一九八三）、『ヒメの民俗学』（一九八七）などの著作を持つ宮田登は、女人結界を説明する姥石や比丘尼石について、柳田国男の「老女化石譚」の一節を引き、「登拝途中で断念せざるを得ない足弱の女性が、この時点（結界）まで登れば登拝の目的を果たしたことを自ずから認識できるためであった」と、結界は女性保護の観点から生じたものであると推察する。また、石化するという伝説は、一方的に女性が不浄だからというわけではなく、石に化した女性は「いずれも法力の優れた巫女だといわれ」、それゆえに、結界におかれた「岩や石を祭壇として山神を祀った形跡も十分考えられる」と論じている（宮田一九九三：一二二）。

こうした女性の霊的優位性を説く研究はいまなお見られる。

石鎚山のNPO法人で副理事長も務めている、民俗学者であり、歴史学者でもある西海賢二は、『江戸の女人講と福祉活動』（二〇一二）の中で、「日本人本来の基層文化、いいかえるならば固有信仰のうちにも、女性のもつ生理的特質によってこれを不浄視（赤不浄・白不浄）したのではという見方が一般的であるが、ここで忘れてはならない女性のもつ他の特質を認めておく必要があるだろう」とし、沖縄や東北の神女（ミコ）やイタコなど「神と一体化する巫女としての役割を負うた女性」を挙げ、「日本の女性の存在は男性以上のものがあった」と論じている（西海二〇一二：一一）。また続けて、卑弥呼や沖縄のオナリガミ、ノロ、「家の神」の祭祀に従事してきた女性たち、お田植神事の早乙女、農家、漁家の女性の労働、強固な主婦権などにふれ、「沖縄本島や南西諸島に顕著な神祭りや全国各地に見られる山岳信仰、そして一九世紀中葉の天理教をはじめとする新宗教の創出過程には、女性の旧態を残した女性本来の特質が根強く活かされていった事実を私たちは知っておくべきである。それほど女性とは山岳信仰だけでなく、平塚雷鳥の言葉ではないが、原始であり太陽のごとく輝いた存在であり、あり続けているのだ」と述べている（西海 二〇一二：一八―一九）。時代や地域、立場の異なる女性たちをひとくくりに捉えその性質を固定的、本質論的に語ることに、無自覚であると言わざるをえない。また、女人禁制については、仏教の女人観に由来するものであり、「仏教修行に障碍を及ぼすものが女性であるとして警戒されていた」と女犯説を説く（西海 二〇一二：八）。さらに気になるのは、本書におさめられた多数の女性たちの写真である。「働き者」の女性たちの姿、「信心深い」女性たちの姿がロマン化される形で紹介されている。

また、柳田民俗学以来の「女性の視点」重視の伝統は、女性研究者が「同じ女性という立場」から女性を調査することがはらむ危険に、無頓着な態度を生じさせることもある。

かつては修験道に属していたという陸中沿岸地方の神子（みこ）を研究した神田より子は、数多くの神子から丹念な聞き取りを行い、これまで見過ごされてきた神子の信仰生活を明らかにした（神田 一九九二、二〇〇一）。フィールドに密着し、調査対象の女性たちと密な交流を重ねていくという研究姿勢は重要であるが、調査対象の女性たちとの共感、連帯感を率直に表現する神田の研究は、ときに個々の女性の経験をひとくくりにし、女性固有の普遍的な経験と断じてしまう危険性をはらむ。一九九六（平成八）年、一三六年ぶりに再現された、立山（富山県）の布橋灌頂会に参加した神田は、その調査報告（神田 二〇一一）において、自らの興奮と感動を、それに参加した女性たちの感想も交えつつ、率直に述べている。しかし、その中で発せられる「我々女たち」「私たち女人衆」「私たちの布橋灌頂会」という表現に、神田の「調査者―被調査者」の関係性に対する自覚の欠如を感じざるをえない。「女だから」ジェンダーを共有していると想定することが、しばしば「女性による、女性の」搾取を見えなくする（川橋・黒木 二〇〇四：四二）。他者になり代わって代弁してしまうという過ちは、女性同士の中でも起こりうる。否、「女性同士」であるとの認識がよりいっそう、そうした思い込みを招くといってもよい。また、女人禁制の時代、女性というだけで極楽往生できなかった女性の救済儀礼として行われた布橋灌頂会の背景を考えた時、「神秘的な体験」（神田 二〇一一：一八六）と、感動をもって描出するだけでよいのかという疑問を持つ。この報告の中で、神田自身も過去の調査先で、「多くの結界と禁制に出会い、拒絶や冷たいまなざしを浴びてきた経験を持つ」と述べている（神田 二〇一一：一八七）。その経験を踏まえ、現代において布橋灌頂会が再現、復活されることの意義とは何なのかを問うことが重要ではなかったか。

ここから明らかにされることは、女性による女性の研究であるからといって、そこにジェンダーの視点があるとは限らないということである。いまだ誤解も少なくないが、「女性の視点を持つ研究」

と「ジェンダー視点のある研究」はイコールではない。

「女人禁制」に正面から挑んだ研究もある。鈴木正崇によって執筆された『女人禁制』(二〇〇二)である。本書では日本の民俗に関する豊富な知識を織り交ぜながら、女人禁制の過去から現在に至る歴史を詳細に論じている。鈴木は、二〇〇五年(平成一七)、第一九回国際宗教学宗教史会議世界大会(東京大会)のパネルにおいて、「山岳信仰とジェンダー」と題する研究発表を行い、山岳信仰研究におけるジェンダー視点の不可欠を説いている(鈴木 二〇〇七)。しかし、鈴木は、『女人禁制』のプロローグにおいて、「女人禁制が男性側から女性側に押し付けた規制であるという事実」は認めながらも、「冷静な眼で、政治や社会の変化に留意しながら、女人禁制が生成され変容し維持されてきた経緯を明らかにして、その過程を通じて現れる日本人の生き方を提示するように心がけたい」と述べている(鈴木 二〇〇二:四)。「冷静な眼で」という言葉には、近年、女人禁制に異議を唱えている女性の人権を重視する立場の人々や、ジェンダーあるいはフェミニズムの研究者の主張が、冷静さを欠き、学問的客観性や中立性に乏しいものであると暗に見なしていることが窺える。また、「女性たちは禁制をどのように受容し、あるいは抵抗し、つくり変えてきたかという点を考慮したい」(鈴木 二〇〇二:四)とし、女人禁制を多角的な視座から考察する必要性を強調するものの、女人禁制が差別的実践であるか否かについての判断は避けている。これについて、川橋範子は、女人禁制に関する議論において、「差別的実践」か「宗教的に意味のある行為」かをめぐって、解釈が両極化している現状を踏まえた発言であろうと推察しながらも、「ではなぜ女性を排除した上で男性修行者を特権化する構造が維持されるのか、という疑問は解消されない」と指摘する（川橋 二〇〇四：一九七）。

さらに川橋は、鈴木が、女人禁制について考えることは「性差を自覚させてそれを通して男性と女性の生き方を再考することにつながる」（鈴木 二〇〇二：二二二）と述べていることに対して、そうであれば、「『カテゴリーとしての女性』が文化的価値を有する場から排除されることが、現代の女性、および男性のジェンダーの認識とどう関係しているのかの問いが曖昧にされてはいけない」（川橋 二〇〇四：一九七）と指摘する。

以上のように、民俗学、宗教学における霊山と女性をめぐる先行研究には、ジェンダー視点の不在あるいは軽視を指摘せざるをえない。しかし、それは個々の研究者の問題というよりは、民俗学、宗教学といった学問分野全体の問題と捉えるべきである。民俗学の靍理恵子は、一九六〇年代の第二波フェミニズム以降、あらゆる領域や学問の内部において、フェミニズムの視点を加えた自己変革がなされたにもかかわらず、日本民俗学では、「フェミニズムなど存在しないかのように」研究が行われてきたと述べている（靍 二〇〇九：一九）。

宗教学においても、ジェンダーの視点が、単なる主題の一つではなく、どのような学問分野にも欠かせない分析視角（中谷 二〇〇三：三八三）であることが認識されていないことはもちろん、ジェンダーの視点が、政治的なプロパガンダをふくんだ感情的なものと見なされ、学問的客観性や中立性を欠くものであるという偏見が見られる。田中雅一と川橋範子は、その「客観性・中立性」こそくせもので、それがすでに、男性の宗教性こそが客観性を持つ普遍的なものという、男性中心主義的考えを前提としていると批判する（田中・川橋 二〇〇七：一〇）。また、ジェンダー視点の不在は、研究者と調査対象者との間に横たわる社会的な力や地位の差に対する無自覚にもつながり、「男性研究者としての社会的特権を確保したうえで、調査対象である女性信者たちを自らの研究対象としてながめることが、研究の客観性・中立性を保証する」と見なされてきたのではないかと問う*3（田中・川橋 二〇〇七：一二）。

そして、こうした「客観性・中立性を欠く」という偏見が、ジェンダー研究は女性（しかも一部の）がやればよいという風潮を生み出し、ジェンダー研究は、女性が担い、女性を対象とする研究であるという誤解をいまだに生み出している。筆者の経験からも、「ジェンダー研究」として話を依頼された場合、そこで先方から求められているのは、ジェンダー研究の趣旨にのっとった、ジェンダー不平等に切り込むようなものや、時に女性たちを搾取し、抑圧してきた宗教と女性のありようではなく、制約の多い宗教の世界に身をおきながらも、つつましく、たくましく信仰と向き合う女性たちの姿や声であることが多い。しかし、筆者が研究対象とする山岳登拝講においては、講や教会の主管者はもちろんのこと、組織内部の中核的担い手は、ほとんどが男性である。そのような男性中心主義の中で、女性というジェンダーゆえにさまざまな葛藤を抱えてきた女性行者は多くいる。そうした女性たちの葛藤の経験を含めた信仰生活の軌跡を、当事者の自己認識を重視しつつ丹念にたどっていくことが必要である。

3　現代の「女性行者」

ここからは、筆者がフィールドワークを通して得た知見をもとに、現代の女性行者の実態について、ジェンダーの視座から考察を進めていく。

筆者は二〇〇二年より、木曽御嶽講（以下、御嶽講）の行者たちの修行に同行しながら調査を行ってきた。修行という秘匿性が高く、実践を重んじる信仰世界を理解する必要から、自身も白衣となり修行を行うこともしてきた。また、二〇〇五年からは大峰山を行場とする修験者の調査を開始し、大峰奥駈修行には四回参加している。ちなみに、筆者の祖父（故人）は御嶽講の行者であった。そのことが筆者自身の研究のきっかけとなったわけではないが、このバックグラウンドによって、調査の折々に行者たちとの距離が縮められることがあるのは事実である。

ここではまず、霊山と女性をめぐる先行研究でも中心的なテーマとなってきた、山岳における女人禁制の問題について考察していきたい。

明治五年（一八七二）、公に女人結界が解かれて以降、多くの女性が霊山に入るようになった。しかし、それ以降も、山岳登拝組織や民俗のレベルでは、入山する際の出血の有無が問われ、出血を不浄と見なす伝統が引き継がれてきた。現在でも、御嶽講では、出血にともなう「穢れ」を祓う方法が各講・教会にあり、血穢は自明のものとして捉えられている。御嶽講では、まず月経中の女性行者が、潔斎場で水行をすることが禁じられる場合が多い。しかし、修行の際着用する白衣は、潔斎（水行）をしなければ袖を通すことのできない浄衣とされており、潔斎場への立ち入りを禁じられることは、すなわち月経の期間に修行ができないことを意味する。そのため、先達と呼ばれる指導的立場にある行者が、「不浄祓い」を施し、潔斎場での水行を経ることなく白衣を着られるようにするのである。こうした月経期間中の「不浄祓い」は木曽御嶽への登拝の折にも行われる。行者のみを対象とするのか、信者までも含むのかは、講によって違いがあるが、月経期間にある者は自己申告によって登拝前に先達から祓いを受ける。先達の多くが男性であることから、申告をためらう女性も中にはいる。場合によっては、突然の月経で登拝途中に下山を余儀なくされることも起こる。[*4] 講によっては、先達に申告して祓いを受けるというのではなく、月経中は粗塩を半紙に包み、身につけるよう事前に指導しているところもある。

出産時には、「七二日血道が通る」として、出産後七二日間は忌の期間とする慣習がある。

さらに、月経や出産のように、一時的に出血のある期間の穢れを問われるのではなく、月経を有し出産に関わる女性を本質的に穢れた存在と見なし、恒常的に「聖域」とされる行場から排除することもある。

一〇〇歳を越えたいまも先達として御嶽講を率いる、神奈川県の女性行者Kさん（大正三年生まれ）は、女性であるがゆえに受ける不浄視から、行場においてしばしば差別的な扱いを受けてきたという。Kさんは若いころから年に何度か男性行者とともに一週間ほど木曽御嶽で山籠りの修行をしていたが、すべての行程において男性行者と同じようにはできなかったという。特に、滝行場や、「三の池」など、御嶽信者が最聖域とする場所には、女性ゆえに「お前さんは行けないよ」と、山中に「おいて行かれ」、とても悔しい思いをしたという（小林 二〇一一）。

一方で、木曽御嶽において、昭和五〇年代ごろまで活躍していた、強力（ごうりき）（荷運び）の女性たちは、山内において女性であることを理由に、立ち入りを制限された場所は「一つもなかった」と語る。「三の池」にも自由に行っていたし、むしろ、登山客に頼まれ、しょっちゅう「三の池」の水（御神水とされている）を汲みに行かされたという（小林 二〇一三：八二―八三）。そのように利便性が優先する場では、女性としての「不浄」がまったく問われなかったのである。ここから、木曽御嶽山内の女性の聖域への立入制限はおのおの恣意的に行われていたことがわかる。元強力の女性たちは、現役当時のことを、「女とも思われていなかった」と振り返る。山内に入る女性であるという点では、登拝する女性と変わらないはずであるが、おかれた状況と立場によって、その扱いは異なった。また、客から「下に見られていた」「ばかにされていた」と回想する元強力女性の言葉からは、性別による非対称性ではなく、「客と強力」という関係の中での非対称性が存在したことが推察できる。

最近では、女性の生理現象を「穢れ」と見なし、聖域からの排除の理由とすることが困難になっていることも事実である。そこから、別の理由づけによって、月経中の女性に制限を加えようとする場合もある。近畿地方のある御嶽教会では、月経中の女性は頭に血液がいかず、ふらつきや転倒を引き起こす危険があるとして、山の険所などで月経中の女性の立ち入りを制限している。そのことについて、教会関係者の四〇代の男性行者は、月経を「穢れ」として女性に制限を与えているわけではないことを強調した上で、「この理由ならば女性も納得できるでしょう」とその根拠の妥当性を自信に満ちた様子で語った。つまり、月経が穢れであるとして女性に制限を説くことは時代錯誤的であるが、月経中の女性が出血によって貧血状態になり、ふらつきや転倒を起こす可能性があるということは、理にかない（「科学的」であるので）、女性にも理解されるものであると正当化するのである。また、別の男性行者は、月経中の女性を山内から排除する理由として、「血の匂いにクマが寄るという『科学的な根拠』がある」と語った。

近年ジェンダーやフェミニズム運動に反対するバックラッシュにおいても、ジェンダーやフェミニズムを否定する研究者が「科学的根拠」を持ち出し、恣意的な持論を正当化しようとしていることが問題視されている（瀬口 二〇〇六）。時代が変化してもなお、女性の生理現象は、男性によって管理、規定され、制限の対象とされ続けているのである。

また、御嶽講では、神降ろしの巫術である御座（おざ）の儀礼がある（写真2－1）。もともと霊感に優れたごく一部の女性行者を除き、大半の女性行者は、神霊の容れ物となる憑坐役（よりまし）（中座（なかざ）、神代（かみしろ）などと呼ばれる）にはなれず、憑坐に降臨した神霊を統御する役目を担う前座（まえざ）となる。この理由について御嶽講でしばしば言われることは、「月のものがある女性に神さんは降ろせん」というものである。また、毎月必ず降ろせない期間があると、御座の儀礼や修行に滞りが生じ効率が悪いので、あらかじめ女性の中座を養成しないという講もある。

写真2-1　木曽御嶽頂上奥社での御座。女性の前座（手前）が憑坐役の男性（奥）と組になり、神霊を降ろしている（筆者撮影）

以上のような女性の生理現象にまつわる出血以外にも、女性が入山や修行の制限を受ける場合がある。女性は山内の霊的なものに影響を受けやすいという言説に基づく制限である。

宮城泰年は、現在、日本で唯一、全山が女人禁制となっている、大峰山・山上ヶ岳を主たる行場とする、本山修験宗管長・聖護院門跡の第五二世門主である。宮城は、著書『動じない心』（二〇一二）の中で、修験道や密教系の山岳仏教が、安易に五障三従説を唱えたり、月経や出産の血を穢れとし、女性が入山すると山が荒れるといった俗説を方便として使用してきたことにふれ、それが女性蔑視を助長してきたとすれば、「断じて反省しなければならない」と述べている（宮城 二〇一二：一六四―一六五）。また、宮城は、山上ヶ岳の女人禁制開放に賛同し、解放に向けて積極的に動いてきた修験道組織内部の一人である。このように、女人禁制を否定し、解禁に積極的な宮城であるが、一方で「それでもなお、ある禁止区域を設けたいと思う」として、山上ヶ岳の表行場・裏行場だけは女性に開放することはしないと主張している。それら二つの行場は、「西の覗」「鐘掛岩」など大峰奥駈修行でもよく知られた難行場を含み、開放されれば一度は行じてみたいという女性行者も多い場所である。宮城はそれらを女性に開放しない理由として、「女性は一般に、霊的な何ものかを感じやすい。実際にこれまでも、女性行者が山中で忘我の状態に陥ったことが何度かある。幸い、いずれも事故に至ることはなかったが、表行場・裏行場ではその保障はない」からであるとしている（宮城 二〇一二：一六七）。これについて、フェミニスト神学者の絹川久子は、「『女性は一般に、霊的な何ものかを感じやすい』から、それ以上危険に晒すことはできない、という理由は、一見配慮のように見えながら大変不思議に見える。霊的に何かを感ずる経験は、修験道の目的の一つなのではないだろうか。それを極端であるとしても、尊重できないのはなぜだろうか」と疑義を呈している。[*5]

以上、現代における「女人禁制」の実態を、血穢および女性の霊感という二点から見てきた。ここからわかることは、女性の生理現象を「穢れ」とし、それを理由に霊山への立ち入りを禁じる登拝組織は近年見られなくなっているものの、別の理由づけによって、女性の性質を固定化し、規範化しようとする傾向は変わらず存在するということである。さらに、それらの規範を女性に説くのは、いまも登拝組織内で主導的立場にある男性である。女性の性質が男性によって価値判断され、女性の行動に規制を与える。これは、家父長制社会が女性に対して取ってきた典型的な態度でもある。「女人禁制」は、信仰と男性中心主義が混在する中で発生し、事由を変容させながらいまも継承されているのである。そして、霊山において既得権を有してきた男性は、その問題性に概して無自覚であることが多い。

4　女性行者自身がもたらした行場の変化

前述したように、いまなお女性が山岳で修行をするにはさまざまな制限が課されている。山岳信仰の組織において、女性行者が主体的に活動できる場を見出していくことは決して容易なことではない。では、女性行者たちはどのように男性中心主義の組織や行場で、自分たちの居場所を見つけていったのだろうか。ここでは大峰奥駈修行に参加する女性行者を事例に考察を進めたい。

冒頭でも触れたように、現在、大峰奥駈修行には多くの女性が参加し、山伏の隊列や採燈護摩供の場に鈴懸姿の女性がいることは珍しい光景ではなくなった（写真2-2）。しかし、そうした状況に至る道すじを作ってきたのは、ほかでもない、女性行者自身である。前出の宮城は、昭和三五年

写真 2-2　聖護院門跡・高祖役行者報恩大会（6 月 7 日）での採燈大護摩供。鈴懸姿の女性行者も出仕する（筆者撮影）

（一九五〇）、教団の許可も得ずに、突如奥駈修行に参加した女性たちのことをいまも強烈に記憶しているという。彼女たちは、自分たちの意思だけでやってきたが、「招かれざる客」として男性行者からの冷たい視線を浴びながら、集団の隅で同行を続けていたという。宮城によれば、それらの女性たちが毎年奥駈修行への参加を継続したことにより、周りの男性行者たちの態度が徐々に変わり、女性たちの参加を認めるようになったと振り返る。

戦後の聖護院門跡の大峰奥駈修行について、聖護院の機関誌であった『修験』（後継誌は『本山修験』）を資料として分析を行った小田匡保によれば、女性たちの参加にともない、教団側も、女人禁制の場所を迂回する女性たちでも参加しやすい登拝ルートを徐々に設定するようになったという。また、それまで下山後に行われていた風景探勝が消滅し、修行に特化された行程へ変化したという。さらに、女性が参加し始めた当初は、男性行者が隊列の先頭に並び、その後ろに女性行者が並ぶという順序だったが、徐々に性別ではなく、それぞれが保有する位階の順によって並ぶように変化していったという（小田二〇一三）。つまり、実践者である女性行者自身の行動が、盤石不動と思われていた男性の行場を開き、さまざまな変化につながっていったのである。また、この経緯からいえることは、開放反対の理由としてしばしば口にする、女性が山に入ると「行場が荒れる」「男性が修行に集中できなくなる」という主張を覆すような結果となっていることである。

しかし、「男性の行場」とされてきた霊山に後から入っていくことになった女性行者は、常に、山岳行場の慣例やそこで既得権を有してきた男性行者に配慮しながら自らの修行を続けてきたことを忘れてはならない。女性行者の中には、後から入った自分たちによって、男性行者たちがそれまで築き上げてきた「伝統」が壊れないよう気づかう女性も少なくない。また、男性行者の足手まといにならぬよう心がけたり、男性と同等あるいはそれ以上の修行をしたりすることで認められるよう尽くしている女性も見られる。

以上のように、教団内に属する女性たちが自分たちの意思によって、奥駈修行に参加する道を切り開いてきたように、女性行者たちは行動をしない、あるいは「物言わぬ主体」ではない。実際には、山上ヶ岳が女性に開かれたら真っ先に登りたいという人が多数であるが、それを実現させることが行者として喫緊必須のものと思っていない人や（藤田 二〇〇五：一九二）、教団内の関係性の中で、教団内を混乱させてまで行動に出るということに意義を見出さない人たちもいる。しかしながら、そうした多様で複雑な事情に配慮することもなく、実践者の女性行者を自らの人権意識に暗い人として見る向きもある。

二〇〇六（平成一八）年八月、「聖護院女性信徒・行者さんに聞く会」が聖護院にて開かれた。これは、女性差別の観点から大峰山の女人禁制に反対する「『大峰山女人禁制』の開放を求める会（以下、求める会）」が、聖護院門跡の宮城に提案したもので、聖護院の女性信徒や行者と「求める会」の会員が大峰山の女人禁制問題について意見交換をするというのが趣旨であった。筆者はその場にはいなかったが、出席した女性行者の何人かから、当日の様子について話を聞いた。奥駈修行を何度も経験している女性行者のKさんは、「求める会」の女性たちは「教師やらなんやらで弁の立つ人ばっかりで、ワーッと言われたら何が何だかわからんようになった」と言った。また、普段から物静かな女性行者のSさんは、「求める会」のメンバーから、なぜ「女人禁制」開放に積極的にならないのかと問われたことで混乱し、「泣けてきた」と話していた。他方、「求める会」の側からは、女性行者さんが泣き出し、対話にならなかったという落胆の声が聞かれた。

さらに、女性行者たちは、開放を進める教団内部の関係者からも落胆されることになった。宮城や本山修験宗の宗務総長である岡本孝道など山上ヶ岳の開放に積極的な教団幹部から「なぜ自分たちの人権に関わることなのに意識が低いのか」と嘆かれたのである。すなわち、開放運動者と教団幹部の両者から、開放に関わる意識の低さを、とりわけ人権の面から批判されることになったのである。この会を振り返り、岡本は、「同じ女性同士なんだから、足並みそろえて開放に向けて一緒に協力できるだろうと思っていた」と筆者に語った。しかし実際には、参加した女性行者から涙ながらに、「スポーツシューズで山に入るような人たちと一緒には登れない」（行者は通例白の地下足袋で山に登るため）と訴えられたという。同じ「女性」というだけで共感しあい協働できるという固定観念の問題や、女人禁制開放の問題は、女性であるかどうかのみならず、各人の信心に関わる問題でもあるということが、改めて浮き彫りとなったのである。

宮城も岡本も、長年、聖護院門跡の機関誌に、女人禁制の問題、あるいは禁制の開放に向けた論考を書いている。そこでは、男性行者が山上ヶ岳を「男の聖地」だと誇り、他を排除するならば、男性行者の修行姿勢や山の聖性への再認識が問われるべきであるとの主張が中心となっている[*6]。しかし、山での既得権を有す男性行者に自らの修行の姿勢を顧みるよう促すだけでは、開放の実現は難しいと考える。教団側が、女性行者を巻き込みつつ、開放に向けての議論を現実的に進めたいと考えるならば、女性行者との「意見交換会」や「対話」といった非公式の形態ではなく、正式に開放に向けた検討委員会を教団内部に立ち上げ、その委員の一員として女性行者を迎えるべきである。女性行者が立場を保障された上で自由な意見を述べることができる仕組みや環境をつくることが、なにより重要であると考える。

5　おわりに

本章では、霊山と女性をめぐる先行研究におけるジェンダー視点の不在を指摘したのち、ジェンダー視点を持つことで見えてくる女性行者の実態について、木曽御嶽と大峰山を行場とする女性行者を事例に考察してきた。ジェンダーの視点は、人々を抑圧するさまざまな権力構造や差別をあぶり出す。ジェンダーの視点を持つことによって、山岳信仰組織の中に男性中心主義的な思想や差別的な実践があること、そして、それらがしばしば「伝統」ということばで内実が問われないまま継承されていることに気づかされる。また、「女性というカテゴリー」の中の差異に敏感であることを求めるジェンダーの視点は、「女性行者」のステレオタイプ化したイメージを否定し、多様な背景と考えを持った一人一人の女性行者の実像を明らかにしてくれるのである。

付記

本章は、二〇一四年一二月一三～一四日、名古屋大学文学研究科附属人類文化遺産テクスト学研究センターによって主催された国際集会「東アジアの宗教儀礼――信仰と宗教の往還」の第一部「東アジアの宗教と信仰――ジェンダーの視点から」において、筆者が報告した「霊山と女性――ジェンダー宗教学からの再検討」の発表内容を下敷きとし、大幅に加筆・修正を加えたものである。

注

＊1　男性行者がほとんど既婚者であるのに対し、女性行者の中には未婚のまま生涯を終える人もいる。それは行者であるという属性のみならず、男性に比べ、貞操を守るべきという規範に縛られてきた「女性」であるからということがいえる。これは既婚者がほとんどである男性僧侶と、未婚者の多い女性僧侶との違いにも通じる。一方で、愛知県西北部の御嶽講を率いる女性先達のKさん（昭和三年生まれ）は、長く未婚を貫いていたが、男性の弟子をとる際に、「女性の家に男性の出入りがあるのは世間体が悪い」と周囲から言われ、形式の上だけでもその男性と結婚するという形をとらざるをえなかった。

＊2　西口（一九八七）、平（一九九二）、勝浦（一九九五）、牛山（一九九六）などの研究がある。また、岡（二〇〇九）のようにこれらの研究者が関わった科学研究費補助金による共同研究の成果もある。

＊3　民俗学においても、同様の誤解が見受けられる。『日本の民俗七　男と女の民俗誌』（二〇〇八）の「男と女の諸相」において八木透は、ジェンダーの議論を踏まえた研究の必要性を唱えながらも、「ジェンダーという語は、（中略）もっぱらフェミニズム運動の中で使用されてきたことから、本来の言葉そのものが有する意味に加えて、どこかイデオロギーの香りが付きまとい、それが原因で拒絶反応を示す者も少なくなかった。とくに民俗学界には、その種のイデオロギーに対して人一倍敏感に反応する研究者が多かったために、民俗学において使われることがきわめて稀であったとする見方もできるかもしれない」（三頁）と述べている。これに対し、靍理恵子は、「ジェンダーという語が社会運動の中でもっぱら使用された語であったとしても、学問と社会運動との関係が八木の言うように切り離して考えてよいほどナイーブなものではない」と、八木の

基本的認識の誤りを指摘している（鷸 二〇〇九）。

＊4　一九九五（平成七）年に愛知県西部の大規模御嶽講の登拝に同行した西海賢二によれば、一八〇名ほどで登頂を目指す間、途中の八合目で月経が始まった女性が出た。そのため先達たちで話し合いがなされ、その女性はそこから下山させられたという（木曽御嶽本教・西海編 一九九七：一〇九）。

＊5　筆者はこの制限の内容について、二〇一三年の日本宗教学会第七二回学術大会においてパネル発表を行っている。そのパネル発表でコメンテーターであった絹川のコメントである（パネルの内容については、日本宗教学会（二〇一四）『宗教研究』八七巻別冊、六八—七二頁）。

＊6　宮城（一九九七）、岡本（二〇〇四）など。

参考文献

牛山佳幸　一九九六「『女人禁制』再論」『山岳修験』一七、一—一一頁。
岡本孝道　二〇〇四「大峯の世界遺産登録に思う——異界と厳しさの復興を」『本山修験』一六一、八—一三頁。
岡佳子編　二〇〇九『日本の宗教とジェンダーに関する国際総合研究——尼寺調査の成果を基礎として』、平成一八～二〇年度科学研究費補助金、基盤研究（B）、課題番号一八三二〇〇一七。
小田匡保　二〇一三「戦後における聖護院の大峰入峰」『山岳修験』五一、四五—五六頁。
加賀谷真梨　二〇一〇「民俗学におけるジェンダー研究の現状と今後の展望——『女性化』したジェンダー概念からの脱却に向けて」『日本民俗学』二六二、一七九—一九二頁。
勝浦令子　一九九五『女の信心——妻が出家した時代』平凡社。
川橋範子　二〇〇四「分ける」関一敏・大塚和夫編『宗教人類学入門』弘文堂、一八八—一九八頁。
川橋範子　二〇一二『妻帯仏教の民族誌——ジェンダー宗教学からのアプローチ』人文書院。

川橋範子・黒木雅子　二〇〇四『混在するめぐみ――ポストコロニアル時代の宗教とフェミニズム』人文書院。
神田より子　一九九二『神子の家の女たち』東京堂出版。
神田より子　二〇〇一『神子と修験の宗教民俗学的研究』岩田書院。
神田より子　二〇一一「女人往生を願って布橋を渡る」宮家準編『山岳修験への招待――霊山と修行体験』新人物往来社、一八四―一九三頁。
木曽御嶽本教・西海賢二編　一九九七『木曽御嶽本教五〇年のあゆみ』。
小林奈央子　二〇一一「南無の道はひとつ――ある女性行者の衆生救済」女性と仏教　東海・関東ネットワーク編『新・仏教とジェンダー――女性たちの挑戦』梨の木舎、二八四―二九二頁。
小林奈央子　二〇一三「御嶽講登拝を支えた女性強力」『宗教民俗研究』二一・二二合併号、六五―八七頁。
小林奈央子　二〇一五「霊山と女性――ジェンダー宗教学からの再検討」名古屋大学文学研究科附属人類文化遺産テクスト学研究センター編『ＨＥＲＩＴＥＸ』創刊号、四三―五一頁。
鈴木正崇　二〇〇二『女人禁制』吉川弘文館。
鈴木正崇　二〇〇七「山岳信仰とジェンダー」『山岳修験』別冊日本における山岳信仰と修験道、第一九回国際宗教学宗教史会議世界大会東京大会特集号、三九―五四頁。
瀬口典子　二〇〇六「『科学的』保守派言説を斬る！――生物人類学の視点から見た性差論争」双風舎編集部編『バックラッシュ』双風舎、三一〇―三三九頁。
平雅行　一九九二『日本中世の社会と仏教』塙書房。
田中雅一・川橋範子編　二〇〇七『ジェンダーで学ぶ宗教学』世界思想社。
靍理恵子　二〇〇九「日本民俗学とフェミニズムの『距離』――ジェンダー視点の導入がもたらすもの」『女性と経験』三四、一七―二九頁。
中谷文美　二〇〇三「人類学のジェンダー研究とフェミニズム」『民族學研究』六八（三）、三七二―三九三頁。

西海賢二　二〇一二『江戸の女人講と福祉活動』臨川書店。
西口順子　一九八七『女の力』平凡社。
藤田庄市　二〇〇五『熊野、修験の道を往く――「大峯奥駈」完全踏破』淡交社。
宮城泰年　一九九七「『女人禁制』についての考察――修験道の立場から」『本山修験』一三五号、二八―三二頁。
宮城泰年　二〇一二『動じない心』講談社。
宮田登　一九九三『山と里の信仰史』吉川弘文館。
八木透　二〇〇八「男と女の諸相」八木透・山崎裕子・服部誠『日本の民俗七　男と女の民俗誌』吉川弘文館、一一―三三頁。
Kobayashi, Naoko 2011. Gendering the Study of Shugendo: Reconsidering Female Shugenja and the Exclusion of Women from Sacred Mountains. *Japanese Review of Cultural Anthropology* 12: 51-66.

第３章

宗教言説を使う、開く

エジプトのムスリム女性とイスラーム

嶺崎寛子

欧米や日本では、一般にイスラームと女性の諸権利は相容れないとみなされている。しかし当事者のムスリム女性たちは、それを両立可能と見なし、対立するものとは考えていない。彼女たちは、宗教を参照軸として使い、女性の権利の確立・拡大を目指してさまざまなレベルの運動を展開しており、それは現代イスラーム世界における世界的な潮流となっている。それはエリート女性の政治参加を目指す運動から、市井の女性たちが日常生活において、宗教言説を工夫を凝らして使う方法まで、幅広い射程を持つ。そして国籍も母語も、学歴も階層も居住地も年齢も多様なムスリム女性たちがこれを担っている。

本章では、まず主に都市部の高学歴エリート女性たちによる、宗教を参照軸とした女性の権利獲得や政治参加を目指す運動を、その背景も含めて概観する。次にさしたる社会資本を持たない、高学歴でもエリートでもない物言わぬ多数派（サイレント・マジョリティ）女性たちが、暮らしの中で必要に応じて宗教言説を工夫を凝らして使う、その個別具体的な方法を見ていく。エジプト、カイロにある電話でファトワーを出すＮＰＯ「イスラーム電話（*al-Hātif al-Islāmī*）」の電話宗教悩み相談を事例に、彼女たちが宗教を参照軸として使い、時に罪悪感を慰撫し、身近な人々と交渉して自分の権利を守る方法と、宗教言説が女性たちに開かれていくための条件を明らかにする。本章の目的は、数としては少数派だが社会的影響力を持つ都市部高学歴のエリート女性から、物言わぬ多数派の市井の女性たちまで、多様な女性たちにとって、イスラームを参照軸にするとはどういうことかを、「ムスリム女性」という一枚岩的な表象を警戒し、丁寧に見ていくことである。

1　社会変革の参照軸としてのイスラーム

二一世紀に入り、イスラーム世界で、普遍的人権概念をイスラーム法の人権概念を包摂したものとして再構築することで女性の権利を守り人権概念を社会に浸透させようとする、宗教を積極的に取り入れた社会変革のアプローチをとる団体が増えている。[*1]

中東にルーツを持つ文化人類学者ライラ・アブー＝ルゴドは、「ムスリム女性の権利」を追求する国際NGOが、国連などの国際機関の動きに影響されつつ、ここ一〇年で多く設立されたとし、これらのNGOの特徴を、女性の権利をイスラームを通じて確立しようとしていることと整理した（Abu-Lughod 2013）。ルゴドは一例として「ムスリムの家族に平等と正義をもたらす国際的運動」と自らを定義する、二〇〇九年にマレーシアのクアラルンプールで設立されたNGOムサワ（Musawah）や、エジプトの権威ある宗教機関アズハル（カイロにある学術・高等教育機関。スンナ派最大のウラマー集団を擁する。大学を含む）と協力体制をとり、「ムスリム女性の権利」向上に努めるエジプトのCEWL

A（エジプト女性のための法的支援センター、一九九五年設立）を挙げる（Abu-Lughod 2013: 170-180）。
イスラームを、女性の権利確立やジェンダー不均衡な社会構造の変革のための参照軸として積極的に用いることは、近年世界的な潮流となりつつある。たとえば、いわゆる「アラブの春」の渦中の二〇一一年八月に、リビアの社会変革や女性の権利向上・政治参画・経済的エンパワーメントを目指すNGO「リビア女性の声（The Voice of Libyan Women）」が設立された。[*2] このNGOの設立者で国連「持続可能な開発目標（SDGs）」[*3]のアドボケートでもあるアラー・ムラービト[*4]（Alaa Murabit）は、地域・社会変革のために宗教言説を取り入れる必要を説く。彼女はリビアの革命運動に参加した経験に基づき、宗教組織が男性に支配・運用されていること、宗教言説が革命時に活躍した女性たちを革命後に排除する際に利用されたことを指摘し、それを打破するため女性たちもクルアーンやハディースを用いたが、それは社会・意識変革に有効なアプローチだったとした。[*5]
女性の法的地位の確立や権利保障を目的とした家族法改正の際の参照軸となるのも、イスラーム法の規定である。エジプトの二つの法改正事例を見てみよう。エジプトでは一九七九年に、当時の大統領サダトの妻ジハーンが主導し、一夫多妻は妻の離婚請求事由となるとする法改正が行われた。しかし、この新法規はクルアーン四章三節に反するとしてウラマーや裁判官が反対した結果、一九八五年に最高裁判所によって違法・無効とされた。二〇〇〇年に財産権放棄等を条件とする女性からの離婚申請（*khul'*）を可能とする法改正が行われた際は、弁護士などから男性に上告手段がないことを理由に反対の声が上がった（Tadros 2000）。しかし時のアズハル総長、ムハンマド・サイイド・タンターウィー（Muhammad Sayyid Ṭanṭāwī 一九二八〜二〇一〇、在任一九九六〜二〇一〇）がイスラーム法に適うとして公式に法改正を支持、法案は可決された。イスラーム法に適うか否かは、エジプトをはじめとするイスラーム諸国では、女性の法的権利確立を左右する最重要の参照軸と見なされている。[*6]

グローバル化の中で、権利の内実も変容している。タンザニアにおける権利（*haq*）という用語が含意する意味の変遷を追ったクリスティーン・ウォーリーによれば、*haq* は、はじめイスラーム法における権利を指し、その後その用法に市民権という概念が付け加えられ、さらに国際機関の用いる人権や女性の権利という発想が加わったという（Walley 2006）。

これらは欧米由来の普遍的人権を無批判に受容しようとする動きではない。そうではなくて、エジプトでも、そしておそらく他のイスラーム圏においても、グローバル化の中で「権利」は多様で複層的な、それぞれ異なる起源を持つ多元的な意味を包摂する言葉として、再定義されつつあるのだ。ここには二重の方向性と意味がある。それはイスラーム法を用いた普遍的人権の中身の脱構築と、イスラーム的な衣をまとった普遍的人権のイスラーム圏への浸透という、方向の異なる二つの流れである。ただし「ムスリム女性の保護」を名目とした欧米による中東やアフガニスタンへの政治的干渉や軍事侵攻など、ジェンダー化した普遍的人権概念（女性の権利など）が、グローバルな政治権力関係の只中に組み込まれ利用されたという歴史的文脈に、我々は十二分に注意すべきである。[*7] 筆者はかつて、先進国側が普遍的人権論の中身を再審理する必要を説いたが（嶺崎 二〇一五）、現地のムスリムたちはすでに、近代的普遍人権論やイスラーム法に基づく権利など複数の参照軸が並立する中で、これを行っているといえよう（しかし不均衡な権力関係の中で、欧米諸国など先進国にまで、イスラーム法に基づく人権概念の脱構築が浸透する可能性はごく少ないという構造的限界の問題は残る）。

ではなぜ、女性たちはイスラーム法を積極的に取り入れた社会変革アプローチを採るのか。その背景には、近年の世界的なイスラーム復興によって、そのアプローチが他のものより、より説得力があり、男女問わず社会構成員に広く受け入れられやすいことがある。これが、農村の女性説教師などの草の根の女性から国際ＮＧＯまで、幅広い社会変革を目指す層がクルアーンやハディースを論拠にし、あるいは宗教権威を巻き込む戦略上の理由の一つである。

別の背景として、都市部ムスリム女性たちの高学歴化により、特にアラビア語圏で原典（クルアーンやハディース）を読める女性人口が増えたことと、ＩＴの進歩により、原典へのアクセスが飛躍的に容易になったことが挙げられよう。[*8] アズハル大学は一九六一年に女性に門戸を開き、それによって女性がイスラーム諸学を正式に学ぶ道が開かれた。エジプトにはアブラ・カハラーウィー（ʻAbla al-Kaḥlāwī 1948-）などの著名女性ウラマーがおり、まだ数は少ないものの、女性ウラマーには一定の存在感がある。イスラームの知は、いまや男性の占有物ではない。女性ウラマーや女性説教師だけでなく、イスラームを用いた社会変革アプローチを担うに足る十分な実力を備えた女性たちも増えつつある。[*9] ただし地方間格差は大きく、こうした女性たちはどの国においても、都市部に偏在している。

グローバル化と都市化、IT技術の発展などにより情報伝達のできる速度と空間が確保されたことで、「真の」イスラームやムスリム、あるべきムスリム女性像などの定義をめぐる、そしてクルアーンやハディースの解釈をめぐる言説闘争が、多様な主体――ウラマー以外にも例えばムスリム・フェミニスト、イスラーム過激派、説教師など――によって、さまざまなレベルで繰り広げられている現状がある。ムスリム女性たちによる、イスラームを用いた社会変革アプローチもここに位置づけられる。

ただしこのアプローチには、イスラームの知の体系（ヒエラルキー）をめぐる権威の問題が常につきまとう。ジェンダー化された社会の脱構築を目指す女性たちが用いる宗教言説は、当該社会の人々に受け入れられて初めて効力を発揮する。イスラーム・フェミニストによるフェミニスト視点からのクルアーン解釈は、しばしばウラマーを含む当該社会の人々により「恣意的な読み」「為にする解釈」として拒絶・排除されてきた。本書の序章で川橋範子も指摘したように、クルアーンのフェミニスト解釈を研究するアーイシャ・ヒダーヤトゥラーは、イスラームは本質的に平等主義的であるとする一部のフェミニストの解釈を、危険な効果をもたらしかねないと批判した（Hidayatullah 2014: ix）。この批判の背景にはこのような文脈がある。大塚和夫によれば、二〇世紀に近代教育を受け新たに台頭した知識人のクルアーン解釈も、同様の理由でウラマーにより「独善的」「誤読」と非難された（大

塚 二〇〇〇：一八六）。拒絶の理由は担い手のジェンダーではなく、その解釈がイスラーム法学の作法を踏まえていないことである。換言すれば多様な主体によるクルアーン解釈のどれが正統で正しいかは、主張の内容ではなく、どの解釈がもっとも法学的作法を踏まえているかに拠る（たとえば、クルアーンには後の啓示によって破棄され無効となった規定があるという知識なくして、適切なクルアーンの章句の引用はできないことに注意されたい）。

ムスリム女性も参加する、このクルアーンやハディースなど宗教を用いた社会変革や意識変革を目指す「ゲーム」には、広く了解された共通の「ルール」がある。宗教言説の武器としての強靭さは正統性の強弱に比例する、というのがそのルールである。そしてエジプトは、アズハルを筆頭とするイスラームの知の伝統と体系を擁する。そこでは法学的作法に則った「正しい」解釈であることのみが、宗教言説の正統性を担保する。この知の体系の中では周辺的な存在であるエジプトの女性説教師たちは、正統性を確保するために、既存の、男性が圧倒的多数を占めジェンダー化されたイスラームの知の体系に積極的に入り込もうとした（嶺崎 二〇一五）。このような正統性をどう主張し、どう担保するかをめぐる戦略や戦術は、アクターの社会資本、社会環境などの諸条件により、可変的かつ多様であろう。

2　日常生活の参照軸としてのイスラーム

イスラーム電話

大多数の、言説の組み換えや法改正や宗教言説の脱構築などに関わらない市井のムスリム女性たちにとって、イスラームを参照軸にするとはどういうことか。結論を先にいえば、彼女たちは宗教言説を作り出すのではない。使うのである。既存の宗教権威による宗教言説を、さまざまな方法で工夫を凝らして。以下で、既存の宗教権威と交渉し、赤裸々に悩みを語ることで、意図的ではないものの、結果的に宗教言説を変容させる（あるいはその可能性を秘めた）場と回路を開きつつある女性たちを見ていこう。

先行研究は、個別具体例に留まり、その豊饒さをそのままに論じることの難しさを教える。たとえばエジプトのムスリム女性たちの個別具体的な宗教実践を著書で活写したサバ・マフムードは、注意深く論を展開しつつも、結論では「女性」を主語にし、マフムードが分析するという形で彼女たちの声を結果的に一枚岩的な形で代弁・表象してしまった（Mahmood 2005）。女性を主語にしたことは行為主体としての女性に注目するという意味で当時画期的だったが、しかしそれは同時に、女性同士の差異や立場の違い、階層や居住地などによる格差を覆い隠すことにもなった。

筆者は「ムスリム女性」という一枚岩的な表象・一般化を警戒し、言説ではなく個別具体的な水準に基準を据える。本節ではエジプトの「イスラーム電話」[*10]という電話でクルアーン解釈とファトワーを提供する民間非営利団体におけるフィールドワークをもとに、ファトワーという宗教言説の発出現場に注目し、女性たちの工夫の詳細を検討する。その際、異なる二つの立場――質問者と、NPOの品質管理部門職員――からファトワーに関わる女性たちに焦点を当てる。ファトワーは、ウラマーが個々の質問に回答する形でそのつど下す法的見解で、法的拘束力はなく、法的にはイスラーム法の手続法にあたる。イスラーム法を個別具体的な文脈の中でどのように適用したらよいのかについて疑問があるとき、一部のムスリムは指針としてファトワーを求める。女性たちはファトワーを「お墨付き」として、日常生活の中で他者と交渉する際の資源として用いる。

イスラーム電話の仕組みは以下である。①質問者は電話をし、アナウンスに沿って質問を録音する。②録音後、機械音声が受付番号を告げる。③録音後二四時間以降に同じ電話番号にかけ、受付番号を入力すると、ファトワーが聞ける。最後にウラマーが名乗り、誰がファトワーを出したのかが質問者に明らかになる。ウラマーは全員男性で、ウラマーの指名もできる。電話経由のため、アクセスが容易で匿名性を保てることがその特徴である。

女性からの質問：（とても暗い声で、ゆっくり）父親が四～五日前に亡くなりました。父は遺言で、家を息子のみに残しました。私たちは女性二人、男性一人のキョウダイです。父は息子だけに家を残したんです。ショックですし、父親は息子だけを愛したのかと思って辛いです。また、父を許せません。父を恨んでいます。この場合、遺言通りにしなければいけませんか？　もう、私たち（姉妹）は父にとって何だったんだろうと思って……。

回答（ファトワー）：まず、父親のしたことは不正なこと（*ẓulm*）です。息子だけに家を残すのは不正です。その遺言を守る必要はありません。イスラーム法の定める通りに分配してください。遺産としては、そうです。あなたは、父親を許すよう努めてください。結局、あなたの父親を許すかどうか決めるのは、アッラーです。アッラーの御業にゆだね、あなたは父親を許すよう、努力してみてください。

（二〇〇六年七月一〇日採取）

イスラーム法では、女性には男性の二分の一ながら遺産相続権がある。[*11] しかしエジプト、特に上エジプトには、女性の動産相続は認めるが不動産相続は認めない慣習がある。この慣習はイスラーム法の法規定と矛盾する。この事例は、慣習に沿って不動産を直系男性卑属のみに相続させようとした父親の遺言が、イスラーム法上有効かどうかを問うたものである。質問者の女性は、遺産はイスラーム法の規定通り分配せよとするファトワーを使って兄弟と交渉ができる。ファトワーは、イスラーム法に則った権利義務が正しく履行されることを理想とし、イスラーム法に照らして女性の権利が侵害される場合には、関係者に権利回復を求める。慣習など併存する「法」よりイスラーム法が女性に有利な場合には、ファトワーには女性たちが、交渉の資源として使うに足る利便性があるのである。

この事例のように定説（*ijmāʿ*）が確立している場合には解釈に相違は生じない。イスラームの法解釈は、一般に伝統を墨守していると思われているが、実は法学派や地域、時代により解釈にかなりの幅がある。特にジェンダー規範にかかる現代のファトワーには明らかな地域差がある。サウジアラビアのウラマーは男女交際や女性の衣服に関し、非常に厳格なファトワーを出す傾向がはっきりしている。「厳格」と表現したが、これは実は、イスラーム法を厳格に適用することを意味しない。サウジアラビアのファトワーは、定説や多数説にとらわれずに、独自解釈や少数説の採用により、女性の権利を定説より狭く取る。たとえばニカーブ（目以外の顔を覆う面覆い）を身につけることをサウジのファトワーは義務行為[*12]（*farḍ, wājib*）とするが（ʿAbd al-ʿAzīz b. ʿAbd Allāh b. Bāzz ed. 1998: 3; Aḥmad b. Badr al-Dīn 2005: 489）、それはスンナ派の多数説では推奨行為に過ぎない（Muḥammad 1997: 439-440; Muḥammad 1999: 27）。ジェンダー規範にかかるファトワーはイスラーム法の法規定の厳格な運用ではなく、実はウラマーや地域のジェンダー認識を反映しているだけということも少なくない。エジプトでも、ジェンダー規範、特に性規範に関わるファトワーは厳しいものも多い。資源としてファトワーを求めた女性が、ファトワーによって失望することも起こりうる。[*13]ファトワーが女性にとって福音となると軽々に結論づけることはできない環境がある。

一方でエジプトには、イスラーム法解釈の幅の広さ、ファトワーのヴァリエーションの多さをイスラームの懐の広さとして肯定的に受け入れる法文化がある。「差異は恵み（*ni'ma*）である」と、あるウラマーは言った。別のウラマーは「イスラームはさまざまな花が咲き乱れる花園で、違うから美しい」と表現した。エジプトではサウジアラビアのファトワーもかなり流通している。ファトワーには、ミソジニー（女性嫌悪）に満ちたものも、厳格に過ぎるものも、女性たちに利するものもある。そのような百家争鳴の状況下で、結果的に女性たちに「使い勝手の良い」ファトワーを提供していたのがイスラーム電話である。イスラーム電話にはリピーターが多く、利用者の七割は女性だった。いったいイスラーム電話の何が、リピーターになるほど女性たちを惹きつけたのか。

品質管理部門

イスラーム電話は、システム発案者であるシャリーフ・アブドゥルマジード（Sharīf 'Abd al-Majīd）が、アズハル出身のウラマー、ハーリド・ジュンディー（Khālid al-Jundī）に協力を乞い、ハーリドの名で二〇〇〇年八月にカイロで設立した。直接の運営・管理はシャリーフが行う。本ＮＰＯの特徴は、質問者にリピーターが多いことと、品質管理部門がファトワーの内容管理を行うことである。シャリーフは「寛大で中庸なファトワーを出す」というイスラーム電話の精神を実現すべく、品質管理部門を通じてファトワーの品質管理を行うシステムを作り上げた。品質管理部門は回答公開前にすべての質問と回答の両方を聞き、回答に洩れや間違いがないか、事実関係を誤認していないか、回答が途中で途切れていないかなど、回答の質と録音のチェックを行う。イスラーム電話がウラマーのファトワーを事前にチェックする機能を持つことは、口頭でその場で即座に出されるファトワーが第三者にチェックされることがないことと比して特筆に価する。ただし、質問者はチェックが行われていることと品質管理部門のことを知らない。[*14] なおこの部門は責任者一人が正社員、他はアルバイトで数は変動するが五~六人ほど、全員が二〇代女性であった。品質管理部門責任者Sによれば、品質管理部門が女性スタッフのみなのは男性が居つかないからで、意図的ではないという。Sは「質問が姦通とか、結婚生活とか、そういう内容が多いので、男性は辛くなるため」辞めてしまうと語り、この仕事は「男性向きではないかもしれない」と述べた（二〇〇六年七月一〇日インタビュー）。

　シャリーフは、電話を介した相談で匿名性が高いというイスラーム電話の持つ特徴が、質問者をして、面と向かっては絶対に言えないような深刻な問題――たとえば同性愛、結婚後の浮気、近親姦、姦通（*Zinā*：婚姻外性交渉）[*15]など――を相談せしめると考えていた（二〇〇六年七月六日インタビュー、以下同）。Sは、多い質問として、離婚、ヒジャーブ（ヴェール）、銀行の利子、観光業やお酒を出す所で働くことの是非、生命保険、高齢未婚女性問題の当事者（三〇~四〇代）からの相談、ウルフィー婚[*16]（*al-zawāj al-'urfī*）と姦通を挙げた[*17]（二〇〇六年七月一〇日インタビュー）。筆者による質問の統計も、電話相談ならではの深刻な質問が一定数あることを裏づける（嶺崎 二〇一五）。

ここでシャリーフやSが指摘した内容は、一部を除きジェンダー規範、特に性規範によって禁じられ強いスティグマが科される性的な醜聞に関わる。エジプトではこれらのスティグマはジェンダー化されており、慣習により女性は男性よりも苛烈な社会的制裁を受ける。結婚前に処女を失うことは女性にとって甚大なリスクがありスティグマも強いため、当事者は可能な限り醜聞を隠蔽しようとする。一方で姦通はクルアーンで禁止が言及された宗教上の大罪であることから、当事者は宗教上の罪悪感に苛まれ、それゆえにファトワーを求める。

シャリーフによれば、ウラマーはこうした問題について驚きのあまり「ふさわしくない回答」をすることがあり、そのような回答は差し戻すか、他のウラマーに答えてもらうという。たとえば姦通や近親姦などはイスラームでは禁止行為とされ大罪にあたるため、「ウラマーはつい強い調子で『君は何だってそういうことをやったんだ！』と責め、逃げ場をなくすくらいに説教をし、大声で言い募ったりして激しい調子になることがある」とシャリーフは言う。イスラーム電話は「彼ら（質問者）にとっては本当に最後の希望」である、とも。彼は差し戻す理由を以下のように説明する。

ここで彼らを突き放したら、彼らはもうやけになって、礼拝をしなかったり、もっと良くない方向に行ってしまうことも十分ありえます。だから優しく親切に語りかけて、同じ責めるにしても、言葉の調子をもっとやわらかくしたり、後悔しているのならそれはそれで、二度と繰り返してはいけないよ、というようなファトワーを出してあげたいんです。実際イスラームは寛大だし、大声で話したり激しい調子で話したりすることを禁じていますから、激しい調子のファトワーはイスラームの精神にも合いません。ですから、品質管理をして、そういうファトワーを出さないようにしています。この場合、ウラマーには「これこれこういう理由で、あなたの回答を削除しました。再びお返事いただくか、誰かに回します」と伝えています（二〇〇六年七月六日インタビュー）。

実際に差し戻しを担うSのファトワーを差し戻す基準は、現実的かつ質問者の救いになるファトワーかどうかであった。ウラマーの強い調子のファトワーを差し戻す理由を、彼女はこう説明した。

イスラームはもともと寛大な宗教ですし、私たちがここで許してあげなかったら、その人たちはイスラームからの許しを諦めて、もっとイスラームから遠いところに行ってしまいます。絶望のあまり、また姦通してしまうかもしれないし、麻薬などに関わるかもしれませんでしょう。だから、私たちはそういう人たちが少しでもイスラームに近づけるように努力しています、何事もstep by step（原文ママ）です（二〇〇六年七月一〇日インタビュー）。

Sによれば、ウラマーは最初は女性たちに回答を差し戻されることに難色を示した。品質管理部門スタッフと責任者シャリーフとウラマーとが一堂に会する一〜二ヵ月に一度の会議の席で繰り返し話し合いを持ち、「ウラマーも人間なのだし、詳しくないことはあるし、修正を求められるのは恥ではありません」と説得し、理解してもらったという。取材時点ではウラマーからの反発や目立った反対はなかった。

技術的問題（回答が抜けているなど）による差し戻しの方が多いものの、Sは女性たちに過酷なファトワーや感情に任せたファトワーを、積極的に差し戻していた。このような差し戻しが確実に行われることで、手厳しいファトワーは排除される。その結果、イスラーム電話のファトワーはスタッフの表現に倣えば「女性に優しい」、つまり女性たちが交渉の道具として使いやすい、そして彼女たちの罪悪感を煽らず、それを慰撫しうるものとなっていた。ここに、女性がリピーターになる鍵がありそうである。

さらにSをはじめとする女性スタッフたちは「中庸のファトワーを出す」という姿勢をはっきり持っていた。サウジアラビアのファトワーは厳格すぎるのではないか、どのようなファトワーが理想か、という筆者の問いに、Sはこう答えている。

サウジアラビアのファトワーはとっても厳格すぎると思います。たとえばエジプトでは、ファトワーを出す時、意見が法学派によって分かれている場合には、意見の相違があることと、両方の見解を伝えます。

でもサウジアラビアでは、（厳格な）片方（の見解）しか伝えません。たとえば顎鬚を生やすことについて、エジプト（のファトワー）は、義務行為と、推奨行為の両方の見解があると伝えます。でもサウジアラビア（のファトワー）は、義務行為だとしか言いません。これはどうかと思います。

たとえば昔、仕事上、髭を剃るように上司から求められている、どうしたら良いか、という質問がありました。ウラマーは両方の見解を紹介した上で、優先順位がある、あなたには仕事があって、それで食べているんだから、仕事は大事にしないといけない。義務行為なら大変だけど、推奨行為なら仕事の方を優先すべきで、あなたは顎鬚を剃れますよ、という回答をしました。こういうのは理に叶っていると思います。仕事なんです。生きていかないといけない。これは大事です。（中略）相手の状況を考えて、ダメと言わない。それに言葉も優しい。こういうのが良いと思います。皆を救うし（二〇〇六年七月一八日インタビュー）。

現実を踏まえた、質問者の選択肢を増やすことにつながるファトワーを、彼女が評価していることがわかる。ファトワーがどう役立ちうるか、以下にDVに関する一例を挙げる。

質問（二〇代女性）：私の父は、彼はもう亡くなったのですが、生前、母や祖父を殴っていました。兄弟がいます。子どもたちは殴られませんでした。普通じゃない父でした。今は亡くなったんですが、昔は拳で殴ってました。これは、殴られた母たちにも非があるのですか？

回答：あなたの父親はかつて、良くないことをしていました。それは良くないことです。やめさせなければいけなかった。でも、（やめさせることは）あなたたちには荷が重すぎましたね。母親や祖父は、何も悪くないですよ。反対です。父親が悪いんです。今は、あなたは母親と祖父たちの心をケアしてあげなさい。

（二〇〇六年八月二四日採取）

ファトワーをめぐる新たな「場」――社会と規範の交差するところ

ここで「ウラマーは驚きのあまりふさわしくない回答をすることがある」との前節のシャリーフの語りに注目したい。質問に驚くのはウラマーだけではない。質問を聞き始めた時は驚いた、と複数の女性スタッフは語る。Sは「初めてここで仕事をした時には、姦通があんまり多いことにびっくりしました。絶対、嘘をついているんだと思ったくらいで（笑）。今は、実際姦通が世間に多いんだということが、さすがにわかりましたけど」とコメントした（二〇〇六年七月一〇日インタビュー）。最初は姦通の相談が多いことに驚いたことを彼女はその後も繰り返し語っており、衝撃が窺える。Sは質問者があまりにイスラーム法に無知なことにも驚いたという。他のスタッフもS同様、質問者があまりにイスラーム法の規定を知らなすぎることと、姦通などの相談が多いことに「びっくりした」と語った。

それは何に対する驚きなのか。一三一九本の電話を調査した筆者も、質問には何度も驚かされた。それは一つは多彩な質問内容への、もう一つは意に沿うファトワーが欲しいがための質問者たちの逞しさと貪欲さ、そして交渉力への、最後に質問のあまりの長さへの驚きであった。質問は時に重く、時に切なく、時に愉快で、社会で生きる人々の生活について実に能弁だった。

スタッフが繰り返し語る姦通などの相談が多いことへの驚きは、現実と規範の乖離、落差に対する驚きと理解するのが妥当であろう。イスラーム電話の性質上、彼女たちは醜聞を多く聞く。筆者が質問を通じてエジプト社会を学んだのと同様、二〇代の女性スタッフたちも、質問を通じて世間を学んだと考えられる。たとえばSは、神のためになり、人の助けとなる仕事であることを、仕事の気に入っている点として挙げた後、「そうですね、忍耐力がつきました。それから、宗教ももちろんなんですが、質問を多く聞くことによって世の中に対する経験ができましたね。世の中を知ったというか」と続けた（二〇〇六年七月一〇日インタビュー）。質問を多く聞くことによって世の中に対する経験ができ、世の中を知った、というコメントに注目したい。

じつはそれはウラマーも同じで、質問は、主な回答層である二〇～三〇代の若手ウラマーをも驚かせている。[*18] 女性スタッフHは、イスラーム電話で好きなウラマーは誰かを尋ねた時にこう答えた。

ウラマーの中にも好き嫌い、というか……。そうね、私たちはウラマーの誰々が嫌いとは言えないけど、でも好きなウラマーはいる。うーん、S・Fさんは最初はずいぶん厳しいファトワーを女性たちに出したものだけど、彼はまだ若いんだけど、結構、（宗教的に）頑固（*mutashaddid*）だったみたいで。でも、今はそんなことはない。彼は今は女性たちがおかれている状況をわかっている。前は愚痴なんか聞こうともしなかったけど、彼（笑）（二〇〇六年八月一六日インタビュー）。

一年以上働く女性スタッフAは、あるウラマーが回答を始めたころ「女性の状況をわかっていなかったから、びっくりしてしまって」厳しいファトワーを出していた、と証言し、「若くて（アズハルを）卒業したてのウラマーは頑固」とも言った。ウラマーとして経験が浅い、または「女性たちがおかれている状況」への配慮がないと、ファトワーは教条主義的で質問者への配慮がないものになりがち、との彼女らの認識が窺える。電話やインターネットを介してファトワーを出すNGO、イスラム・オンライン（Islam Online）で活動する男性ウラマー（調査時二八歳、アズハル卒）は、なぜ女性からの質問が多いのかという筆者の質問に、こう答えた。*19

第一に、女性はちょっと礼儀に欠けているし（いたずらっぽく笑って筆者の反応を見つつ）、それから、依存的な傾向があるからでしょうかね。それから、家族関係の問題が多いということ、女性の方がより権利を侵害されている傾向があることが挙げられます。社会状況、エジプト社会の習慣などから、女性は不当に迫害されている場合が多いのです（二〇〇六年九月四日インタビュー）。

「礼儀に欠ける」とは文脈から判断するに、ウラマーに臆せず聞きたいことを聞く図々しさを持つ、という程度の意味である。女性がより権利を侵害されているという彼の認識は、主にファトワーを求める人々の質問を聞くことによって培われたという。質問を聞くことが認識を改めることにつながることが、女性スタッフと彼の語りから窺える。質問者はウラマーの認識を変える潜在力を持つのである。

電話ファトワーの顕著な特徴は、質問の長さとリピーターの多さである。対面の場合、質問者は緊張していることも多く、聞こえないよう周囲を憚る必要もあり、後ろに列ができていることも珍しくないため、質問は自然と短くなる。長々と独白のように続く質問は電話独特だが、その長さが、質問者の背景を、そして女性たちのおかれている状況を、ウラマーや女性スタッフに雄弁に伝える。以下に一例だけ挙げる。

（五〇代？・女性、泣きながら）一四年前に結婚しました。ずっと専業主婦で、仕事をする機会がありませんでした。夫に、外で女性が働くのは恥（*'ayb*）だと言われたんです。ずっと夫のそばで子どもたちの面倒をみて……それはいいんですけど。でも呪われている（*sihr*）気がします……。お金がないんです。でも外では働くなと言われるし、必要な時には手持ちの金を売って暮らしてきました。四人子どもがいます。夫はサウジに出稼ぎに行っていましたが、一年前帰ってきました。必要な時は、銀行口座から生活費を貰いたいんですが、いいでしょうか？　以前ここでファトワーをもらった時には、必要な時は銀行口座から下ろしていいと言われました。でも、夫の今の月収は三〇〇～四〇〇ポンドくらいで、生活がもう苦しくて……。私の家族はこの状況を知りません。言えません。もう上の子は高校生ですし、もうお金がなくて……。四人もいるし……。金を売っても限度があります。生活はもう最低、最低最悪です。三ヵ月、肉も魚も見ていません。ずっとパンや野菜、卵で暮らしてます。私は商業高校のディプロマを持ってます。すごく成績が良かったんですよ……（後略）（二〇〇六年八月二一日採取）。

この質問はゆうに五分を超えた。辛抱強く聞くことがウラマーやスタッフには求められる。リピーターの中には、質問の中で以前のファトワーへの感謝や不満を表明する、以前もらったファトワーが納得いかないと訴える、ファトワーの出し直しを要求するなど、何らかの反応を返す者もいた。お礼のためだけに電話をしてきた女性も、同じ問題につき毎日繰り返しかけてくる女性もいた。電話でかつ匿名で質問できるという敷居の低さは、これらの行動と無関係ではない。

ウラマーがこのように直接反響を体感できる機会は実は多くない。ウラマーと質問者の間には通常物理的にも心理的にも距離があり、特に女性質問者が、男女の空間隔離規範を乗り越えてウラマーに直接質問することは容易ではない。さらに、このような質問者側の心理的障壁を認識していないウラマーもいた。対面でファトワーが出される場で、女性が自由に交渉するところを、管見の限り筆者は見たことがない。ウラマーによれば、対面では女性の質問を家族の男性が持ち込む「代理質問」がかなり多いとのことだが、この場合は家族成員との対立に関する質問、微妙な問題や性的な問題については、そもそも質問自体が難しい。

3　女性たちの質問と新たな「場」が開くもの

質問者とウラマーがこのように恒常的に触れ合い交渉するイスラーム電話が保証する「場」は、電話を介したファトワーが出てくる以前には存在しなかった。そしてこの「場」に、質問者からは不可視化された第三者、品質管理部門女性スタッフがいることは、「場」の磁場や形成そのものに影響を与える重大な要素であった。ファトワーが対面で出される場合、相対するウラマーの反応は質問者に即座に伝わる。その際、怒りや驚きに任せて強い調子のファトワーが出されるのを防ぐことは、ほぼ不可能である。反応のコントロールは、ひとえに個々のウラマーの性格や経験に依存する。しかしイスラーム電話では、質問と回答の間の時間差を利用し、ウラマーの驚きやそれによる強い反応を差し戻しという形でいったん組織内で引き取り、ファトワーを出し直すことができる。この違いは大きい。

女性スタッフで構成される品質管理部門は、実は女性質問者たちにとって重要な意味を持つ。女性スタッフがウラマーのミソジニーや偏見に満ちた、あるいは感情に任せたファトワーのいわば「盾」となることで、玉石混交の宗教言説状況の中に、リピーターがつくような、女性の選択肢を保証し罪悪感を慰撫しうるファトワーを生む土壌を作ったからである。

重要なのは、電話というツールによって、従来よりも質問者が饒舌に話せるような「場」ができたことが、ファトワーやウラマーをも変容させつつあるということである。女性たちの現状と女性たちを取り巻く社会状況への理解なしに、女性たちに寄りそったファトワーは出せない。女性たちは質問を通じて赤裸々に悩みを語り、あるいはウラマーと交渉することで、意図的ではないものの、結果的にファトワーを変容させる（あるいはその可能性を秘めた）回路を開きつつある。質問と差し戻しを通じて彼女たちは、女性たちの現実を宗教言説の担い手たるウラマーに語り、彼らのジェンダー認識を照らし出し、それによって聞く耳を持つウラマーを育てた。質問者たちは饒舌にあるいは必死に質問を投げかけることで結果的にウラマーを育て、使い勝手の良いファトワーを得やすい状況を自らの手で作り上げていたのである。このような「場」ができることで、ファトワーをはじめとする宗教言説が、女性たちへと開いていく可能性は高い。

本章で論じたのは、イスラーム電話という一ＮＰＯの事例に過ぎない。しかしそこには多くの利用者がいる。さらに電話やインターネットなど、現代のＩＴ技術を駆使して発出されるファトワーが、将来的に数字上も比率上も増えていくことは明白である。それにつれ、このような条件を満たす宗教言説とその担い手は次第に増えていくことだろう。

男女が本質的に異なるものとされ、ジェンダーが文化的にもっとも重要な規範として働くエジプト社会では、男女がお互いに知り、理解し、共感するための回路が少ない。しかし本章で見たように、宗教言説の場では回路は準備されつつある。それを準備したのは、質問を通じて愚痴り、泣き、戸惑い、嘆き、困り、感情と生活とをウラマーに赤裸々にさらけだした無数の女性たちだったのである。

謝辞

イスラーム電話のシャリーフ氏、Sさんはじめ、関係者各位に深謝し、本稿を捧げる。この調査は講談社野間アジア・アフリカ奨学生奨学金および科学研究費補助金（特別研究員研究奨励費）の支援を受けた。記して感謝する。

注

＊1 本章では主にスンナ派世界を論じ、シーア派については論じない。

＊2 http://www.vlwlibya.org/（二〇一六年五月三一日最終閲覧）

＊3 二〇一五年九月二五日の「持続可能な開発サミット」で、国連加盟国が採択した「持続可能な開発のための二〇三〇アジェンダ」に含まれる。その中には一連の持続可能な開発目標、通称「グローバル・ゴールズ」が含まれる（http://www.jp.undp.org/content/tokyo/ja/home/sdg/post-2015-development-agenda.html

二〇一六年五月二四日最終閲覧)。

＊4　両親の移住先のカナダで生まれ、一五歳でリビアに移住。流暢な英語を話す。

＊5　About VLW, http://www.vlwlibya.org/about-3/, Alaa 2015, https://www.ted.com/talks/alaa_murabit_what_my_religion_really_says_about_women.(二〇一六年五月三一日最終閲覧)。筆者も、開発プロジェクトを中東地域で成功させるにはウラマーなどの宗教知識人や宗教機関を巻き込む必要があり、それがプロジェクトの成否を分ける重要な鍵となると、すでに指摘している(Minesaki 2008)。

＊6　中東諸国の憲法にはいわゆる「イスラーム条項」がある。たとえば当時のエジプト憲法は「イスラーム法の諸原則は立法の主要な源泉」と定めていた(小杉 一九九四:二三五)。

＊7　ジュディス・バトラーやアブー＝ルゴドも同様の指摘をしている(Butler 2010; Abu-Lughod 2013)。なおこれと並行して、LGBTQの人権を政治利用する動きも近年加速している。この文脈では特に、LGBTQの人権を梃子にイスラエルのイメージアップを図る同国の国家戦略、ピンク・ウォッシングが問題となっている。この詳細は(Puar 2007, 2010; Schulman 2012;「フェミニズムとレズビアン・アートの会」HP(http://feminism-lesbianart.tumblr.com/ 二〇一六年六月一日最終閲覧)を、ヴェール論争と帝国主義については(Ahmed 1992)を、中東のジェンダー研究の現状と課題については拙稿(嶺崎 二〇一六)を参照されたい。

＊8　ハディースのデータベースをサウジアラビア宗教省がウェブ上で公開しており、ネット環境があれば誰でもハディース本文を参照することなどができることなどが好例(http://hadith.al-islam.com/Loader.aspx?pageid=261 二〇一六年五月三〇日最終閲覧)。ハディース学はかつて、膨大な暗記を必要とする、イスラーム法学の中でももっとも習得が難しい分野とされていた。

＊9　女性説教師については拙稿(嶺崎 二〇一五、Minesaki 2012)を、女性たちの宗教的リーダーシップについてはバノ(Bano 2012)を参照されたい。

＊10　調査期間は二〇〇六年七〜九月および二〇〇七年一二月〜二〇〇八年一月。イスラーム電話やその質問の

詳細については拙著、特に第四章を参照されたい（嶺崎 二〇一五）。現代ファトワーの先行研究は拙稿を除くと以下（Amin 2000; Masud and Powers eds. 1996; 小杉 二〇〇二、八木 二〇一四）。ただし本稿のように質問者や質問者との交渉に焦点を当てて論じた先行研究はない。

*11 イスラーム法は男性のみに妻子等（寡婦の母、離婚後の姉妹などを含む）の扶養義務を課し、女性には自身を扶養する義務を課さない。

*12 イスラーム法は人間の行為を五範疇に区分する。それぞれ義務行為（*farḍ, wājib*）、推奨行為（*mandūb*）、許容行為（*mubāḥ*）、忌避行為（*makrūh*）、禁止行為（*ḥarām*）である。どの行為が五範疇のどれに当たるかには、法学派によって見解の相違がある。スンナ派法学は四法学派（ハナフィー派、マーリク派、ハンバル派、シャーフィイー派）の解釈をすべて正当とし、見解の相違を法解釈に包摂する。

*13 イスラーム電話には、他のウラマーが出したファトワーの是非を問う質問もかなりあった。人々が、必要ならウラマーを渡り歩いてでもファトワーを求めることがわかる。一例を挙げる。なお質問には、イスラーム法が乳兄弟との結婚を禁じる故に、授乳中の妻の胸への愛撫が問題となるという背景がある。

質問（女性）：夫が妻の胸に愛撫をしたら、妻は夫にとって禁じられてしまう（性交渉が不可能となる）と、あるウラマーから聞いたのですけど、本当ですか？ 本当かと聞いたら、そのファトワーを出した人が怒ってしまって……。是非本当のところを知りたいのですが。（胸への愛撫は）禁止行為なのでしょうか？

回答：妻が夫のマハラム（*maḥram* 結婚できない親族）になるということは決してありえない。いったい誰が、あなたにそんなでたらめなファトワーを出したのですか。ありえません。

（二〇〇六年九月七日採取）

*14 本稿では、イスラーム電話のスタッフとウラマーはプライバシー保護のためイニシャル表記とする。

*15 イスラーム法は当事者双方の同意がある場合や同性愛を含め、婚姻外性交渉をすべて姦通と見なす。

*16 ハナフィー派の少数説で適法とされる宗教婚の一形態。二〇〇〇年代エジプトでは、性行為を合法化する

ために若年層が行う秘密婚という性格が強い。詳細は嶺崎（二〇一五）参照。

＊17 利子と生命保険はイスラーム法では一般に違法とされる。観光業はお酒と親和性が高いため忌避感情があるムスリムが一定数いる。

＊18 たとえば礼拝の方法を質問した若い女性への回答を、二〇代のあるウラマーは「私はあなたの質問にびっくりしました」と驚きの表明から始めた（二〇〇六年八月二四日採取）。類似の質問に五〇代後半のウラマーは「まず、礼拝という良いことをするようになったのは、とても良いことです。おめでとう。神の祝福がありますように。（後略）」（二〇〇六年八月二一日採取）と返答した。経験の違いが回答に反映されており興味深い。

＊19 彼はイスラーム電話のウラマーではない。しかしイスラーム電話と彼の所属するＮＧＯは、匿名が確保できる、電話やインターネットを介して質問を受けるという二点の共通項を持つ。年齢も二〇代と、イスラーム電話のもっとも回答頻度の高いウラマーたちと同世代で、同じくアズハル卒である。イスラーム電話のもっとも頻繁に回答するウラマーと共通点の多い彼の意見は、イスラーム電話のウラマーの意見を考える上でも参考になる（二〇〇六年七月三日インタビュー）。

参考文献

大塚和夫　二〇〇〇『近代・イスラームの人類学』東京大学出版会。
小杉泰　一九九四『現代中東とイスラーム政治』昭和堂。
小杉泰　二〇〇二「イスラーム人生相談所――暮らしの中の法学」大塚和夫編『現代アラブ・ムスリム世界――地中海とサハラのはざまで』世界思想社。
サウジアラビア宗教省 http://hadith.al-islam.com/Loader.aspx?pageid=261

フェミニズムとレズビアン・アートの会 http://feminism-lesbianart.tumblr.com/

嶺崎寛子　二〇一五『イスラーム復興とジェンダー――現代エジプト社会を生きる女性たち』昭和堂。

嶺崎寛子　二〇一六「ジェンダー理論と中東研究」私市正年・浜中新吾・横田貴之編『中東研究のテーマと理論』明石書店（印刷中）。

八木久美子　二〇一四「イスラム法解釈における脱文脈化と再文脈化」『東京外国語大学論集』八九号、三四三―三五八頁。

UNDP『持続可能な開発のための二〇三〇アジェンダ』http://www.jp.undp.org/content/tokyo/ja/home/sdg/post-2015-development-agenda.html

'Abd al-'Azīz ibn 'Abd Allāh ibn Bāzz（ed.）1998. *Fatāwā al-Ḥijāb wal-Libās wal-Zīna lil-Mar'a al-Muslima*. al-Qāhira: Dār Ibn Jazīma.

Abu-Lughod, Lila. 2013. *Do Muslim Women Need Saving?* Harvard University Press.

Aḥmad ibn Badr al-Dīn, Ṭāhā ibn Muḥammad ibn Aḥmad Ibn 'Abd al-Karīm 2005. *Fatāwá kibār 'ulamā' al-ummah fī al-masā'il al-nisā'īyah al-muhimmah*. al-Qāhirah: al-Maktabah al-Islāmīya.

Ahmed, Leila 1992. *Women and Gender in Islam: Historical Roots of a Modern Debate*. Yale University Press.

Alaa Murabit 2015. *What my religion really says about women*, https://www.ted.com/talks/alaa_murabit_what_my_religion_really_says_about_women' TED)

Amin, S. Hasan 2000 An Islamic Approach to Dispute Resolution: Use of Fatwa as an Alternative Method. *Islamic University Journal* 2-4: 32-64.

Bano Masooda, Hilary Kalmbach（eds.）2012. *Women, Leadership, and Mosques: Changes in Contemporary Islamic Authority*. Brill.

Butler, Judith 2010. *I must distance myself from this complicity with racism*（Civil Courage Prize 受賞拒否講演）

http://criticaltheorylibrary.blogspot.jp/2011/06/judith-butler-i-must-distance-myself.html.

CEWLA, http://www.cewla.org/（二〇一六年一〇月二日最終閲覧）

Hidayatullah, Aysha 2014. *Feminist Edges of the Qur'an*. Oxford University Press.

Mahmood, Saba 2005. *Politics of Piety: The Islamic Revival and the Feminist Subject*. Princeton University Press.

Masud, Muhammad Khalid, Messick, Brinkley and Powers, David S.（eds.）1996. *Islamic Legal Interpretation, Mufties and their Fatwas*. Harvard University Press.

Minesaki, Hiroko 2008. The Potential of 'Islamic Values' in Gender and Development Policy: A Case Study of Contemporary Egypt. In *Beyond the Difference: Repositioning Gender and Development in Asian and the Pacific Context*. Ochanomizu University 21st. Century COE Program: 181-191.

Minesaki, Hiroko 2012. Gender Strategy and Authority in Islamic Discourses: Female Preachers in Contemporary Egypt. In Bano Masooda and Hilary Kalmbach（eds.）, *Women, Leadership, and Mosques: Changes in Contemporary Islamic Authority*. Brill, pp. 393-412.

Muḥammad Bakr Ismā'īl 1997. *al-Fiqh al-Wāḍiḥ*. al-Qāhira: Dār al-Manār.

Muḥammad Bakr Ismā'īl 1999. *Bayna al-Sā'il wal-Faqīh*. al-Qāhira: Dār al-Manār.

Musawah, www.musawah.org（二〇一六年一〇月二日最終閲覧）

Puar, Jasbir K. 2010. Israel's gay propaganda war. *The Guardian*, July 1, 2010. http://www.theguardian.com/commentisfree/2010/jul/01/israels-gay-propaganda-war

Puar, Jasbir K. 2007. *Terrorist Assemblages: Homonationalism in Queer Times*. Durham: Duke University Press.

Schulman, Sarah 2012. *Israel/Palestine and the Queer International*. Durham: Duke University Press.

Tadros, Mariz 2000. The Beginnig or the End?, *Al-Ahram Weekly* 472: http://weekly.ahram.org.eg/

Archive/2000/472/fr2.htm.（二〇一六年一〇月二日最終閲覧）
The Voice of Libyan Women, http://www.vlwlibya.org/
Walley, Christine J. 2006. What We Women Want: An Ethnographic Exploration of Transnational Feminism. Lecture presented at Columbia University, Gender and the Global Locations of Liberalism seminar series, April 19th.

第4章
宗教と民族の境界を護る、越える
民主化後のミャンマーにおける宗教対立と女性

飯國有佳子

1　はじめに

急速な民主化の進展するミャンマーでは、これまで軍政下で抑えられてきた宗教対立や民族対立が表面化している。仏教徒とムスリムの大規模な宗教衝突以後、急進的な愛国主義的仏教僧を中心に、「仏教保護」を名目とする反ムスリム運動が大規模かつ組織的に展開されているが、その際、僧侶らは「仏教徒女性を異教徒（ムスリム）から護る」というロジックを用いる。

社会的正義に関する批判理論を展開するフェミニストのナンシー・フレイザーは、ジェンダー、エスニシティ、宗教的承認などを求めるポリティクスについて次のように述べる。これらは男性中心主義、異性愛主義、白人中心主義といった、普遍主義としてまかり通るものの背後に潜む個別主義に抗議すべく台頭してきた運動であり、あらゆる面で正義と関わる。しかし、不公正を是正するための社会経済的変革に期待する政治的潮流が、改革ではなく集団的アイデンティティの肯定と擁護へと傾く時、承認を求めるポリティクスは有害なものに変わるという（フレイザー 二〇〇三：九）。では、反ムスリム運動の旗印として掲げられた当の仏教徒女性は、こうした運動をどう捉え、いかに関わる／関わらないという選択をしているのだろうか。そこにフェミニズムはどう関わることができるのか。本章では、フィールドワークの過程で得た仏教徒女性に対するインタビューをもとに、これらの問題について考えていく。

2　民政移管後の宗教対立

多民族国家であるミャンマーは国民の約九割が上座仏教徒であり、マジョリティであるビルマ族（全人口の約七割）は、そのほとんどが上座仏教徒とされる。[*1] 軍政期に発生した宗教対立を煽る言動や反ムスリム暴動では、軍が徹底した情報統制と鎮静化を図り、他地域への拡大を許さなかったが（斎藤二〇一五）、二〇一一年の民主化後、表面上抑えられてきた対立は、国内全土に拡がる暴動へと発展した。

大規模な宗教対立の発端となったのは、二〇一二年五月二八日にバングラデシュと国境を接するミャンマー西部のラカイン州[*2]で、「ベンガル人ムスリム（ロヒンギャ）[*3]」の男性三人がラカイン族仏教徒女性を強姦殺害するという事件である。煽動的な言葉を付した被害者の写真がＳＮＳを介して急速に広まったことで、六月三日にはラカイン族仏教徒の暴徒集団がムスリムの乗るバスを襲い、一〇名が殺された（Republic of the Union of Myanmar 2013: 8）。報復の名の下に起こる両者の衝突は、その後一〇月まで断続的に続き、政府発表による死者は一九二名、負傷者二六五名以上、焼失世帯八六一四軒を数えた（Republic of the Union of Myanmar 2013: 9, 20-21）。

二〇一二年五月以降のラカイン州での暴動は、ラカイン族仏教徒と「ベンガル人ムスリム（ロヒンギャ）」の間で起こったものであったが、先鋭化した反ムスリム感情は、仏教徒とムスリムの対立という形で国内全体へと拡大する。そして、ムスリム男性による仏教徒女性に対する暴力あるいはその噂をきっかけとする各地での衝突の背景には、[*4]反ムスリム運動を展開する愛国主義的過激派僧侶の存在がある。

3　愛国主義的仏教僧の活動——九六九運動とマバタ

では、反ムスリム運動を展開する過激派僧侶とは、どのような人々なのだろうか。「仏教徒テロの顔」という表題とともに、二〇一三年七月一日発行のタイム誌の表紙を飾ったのは、僧侶のウー・ウィラトゥことウー・ウィセイッターービウンタであった（写真4・1）。マンダレーでも指折りの大教学僧院の幹部を務める彼は、軍政期の二〇〇三年に反ムスリム運動を扇動した罪で投獄されたが、政治犯の大統領恩赦に伴い釈放されている。彼は前節で述べた暴動の直接の主導者ではないが、釈放後も説法会などで「九六九運動」を含むさまざまな反ムスリム言説を流布し、聴衆や学僧を煽動し続けている。

「九六九」は、仏教徒にとってもっとも重要な三宝を構成する徳目の数に由来する。[*5]二〇一二年以降の反ムスリム運動の文脈における九六九は、「七八六」というハラール商店を示す際に用いられるコーランの一節を数字に置き換えたものに対抗する意味合いを付与されている。また同時に、主にムスリム商店での不買運動や仏教徒と異教徒との婚姻制限といった、日常生活におけるムスリムとの関係途絶を志向する運動を指す。

運動に参加する人々は、九六九運動は「仏教国ミャンマー」をムスリムの脅威から護るために必要であるという。つまり、運動の参加者に共通して見られるのは、イスラームに対する危機感と「自衛的」な仏教と民族の護持運動という意識である。しかし、宗教衝突の発生とそれを煽り過激化する

写真 4-1 『タイム』（*Time*）第 182 巻 1 号（2013 年 7 月 1 日発行）の表紙

写真 4-2 969 運動のロゴ

九六九運動を看過できない国家サンガ大長老会議は、二〇一三年八月に九六九運動に基づく僧侶組織の立ち上げを法的に禁じ、その自粛を促した（May Sitt Paing 2013）。

この後、九六九運動における仏教護持という危機意識と仏教徒と異教徒との婚姻制限は、「民族宗教保護協会（通称マバタ）」へと、より穏当な形で引き継がれる。タイム誌での報道に先立つ二〇一三年六月一三日の段階で、国家サンガ大長老会議議長をトップとした宗教対立に関する話し合いがもたれ、同月二七日にマバタが正式に結成されることとなった（Maung Thwei Hkyun 2013: 173-178）。マバタの主要メンバーは、国家サンガ大長老会議に所属する高僧が中心で、ウー・ウィラトゥも含まれている。[*6]

二〇一三年六月の話し合いの席上、保護を必要とする仏教徒女性と少数民族のために「民族宗教保護法」の策定を急務とすることが話し合われ（Thawpaka 2013: 28）、結成翌月の二〇一三年七月、マバタは一三三万五六〇〇人の署名とともに、宗教対立解決のため法案改正が必要との書状を大統領府に送付した。これを受けたテインセイン大統領は、二〇一四年二月にマバタの提出した「民族宗教保護法」と総称される四法案の策定を行うよう関係省庁に指示した（Mabhatha 2013a: 217-220）。以後、マバタは、アウンサンスーチー氏率いる国民民主連盟（ＮＬＤ）ではなく、当時の政権与党であった軍を主母体とする連邦団結発展党（ＵＳＤＰ）支持を明確に打ち出す。

その後、草案には大幅な修正が加えられ、最終的に二〇一五年五月一九日に①「人口統制保健保護法（以下、人口統制法）」、八月二六日に②「宗教改宗法」および③「ミャンマー仏教徒女性婚姻特別法（以下、仏教徒女性婚姻法）」、八月三一日に④「一夫一婦法」が連邦議会で承認され、成立した。[*7]

4　宗教と婚姻法

当初マバタが提出した草案は、人権上多くの問題を含むものであった。③「仏教徒女性婚姻法」の草案を例にとると、仏教徒女性の非仏教徒男性との婚姻を制限し、仏教徒女性の婚姻に際し保護者の了承を求め、破った場合懲役刑を科すという条項が含まれていた。[*8] そのため、二〇一四年初頭の草案発表後、女性の権利や開発に関わる活動家や少数民族NGOなどの市民組織が同法案に対する非難声明を発表し、最終的に一五〇以上の市民社会組織が声明に参加した[*9]（AWID 2014; Human Rights in Asean online platform HP）。

マバタの草案に対しては、国内外から多くの批判が寄せられたこともあり、大統領による法案策定命令の後、各省庁で大幅な変更が施された。③「仏教徒女性婚姻法」の場合、最終的な法案では異教徒との婚姻規制は削除され、一九五四年「仏教徒女性婚姻相続法」をベースに、婚姻手続きの公開義務や女性に対する改宗強要禁止などが盛り込まれるなど、草案と比べると極端な人権侵害が起こらないような法案となった。しかし、そもそもなぜ異教徒との婚姻規制の法制化が、仏教徒女性や少数民族の保護と結びつくのだろうか。

その原因は植民地期に遡る。英領インドの一州となったビルマでは、民族的宗教的に異なる背景を持つ人々を裁く際、宗教別慣習法が用いられた。キリスト教徒婚姻法では、配偶者の宗教は問題とされないのに対し、イスラーム法の場合には正式な婚姻はムスリム同士に限られるため、異教徒は正式な婚姻のための改宗か事実婚かの選択を迫られることとなった。さらにイスラーム法は男女別財産制で、夫婦共有財産は法的には存在しないため、離婚に際し、妻に夫の財産分与権が認められないことも問題となった。[*10]

一方、仏教の場合、婚姻は世俗的事柄とされるため、婚姻に関する宗教規定はそもそも存在しない。[*11] またビルマ仏教徒慣習法では、婚姻に際しての契約などはなく、親類知人を招待し婚姻の事実を知らせるという社会的認知をもって正式な婚姻と見なされる。したがって、異教徒が仏教徒と結婚した場合、配偶者の仏教徒にとっては正式な婚姻であっても、それを正式な婚姻とは見なせないという事態が起こりうる。また、仏教徒慣習法では、男性にのみ重婚が認められるという不平等は存在するが、相続や離婚に際しての財産分与においてジェンダー差はほとんどない。そのため仏教徒女性が正式な婚姻のためイスラームに改宗した場合、それは婚姻前に有していた諸権利の放棄を意味することとなる。

ここから、マバタの「仏教徒女性を護る」という主張は、異教徒とくにムスリムとの婚姻に伴い仏教徒女性が改宗を強制され、慣習法上有するさまざまな権利を喪失してしまうのを防ぐという点に集約できる。しかし、こうしたマバタの主張は、建て前でしかないといえる。そもそも上座仏教では、女性は教義上もっとも尊い実践の一つである出家から排除され、精神的・肉体的に劣った性とする差別的な見方が存在する（飯國 二〇一〇、二〇一一）。実際マバタの「民族宗教保護法」の解説にも、「異教徒の増加は、ミャンマーの仏教徒女性の貧困、無教養、保護者の教育不足、政府機関における国民意識の欠落した役人による無責任な行動の結果」と記載されている（Mabhatha 2013b: 40）。ここからマバタの「仏教徒女性を護る」というスローガンは、仏教徒を増やすことでムスリム人口の増加を防ぐことを第一義とし、仏教徒を産み育てる器としてのみ女性を重視する一方で、女性のおかれる政治経済的背景を勘案せず、すべての責任を女性にのみ課すものといえる。「仏教徒女性を護る」法案の素案は、仏教徒女性を仏教の根幹を担う存在として政治的に、彼らにとって都合のよいかたちで焦点化することにより、宗教と民族を護る砦としての女性の本質的役割を強調し、同時に女性の主体性や権利を潜在的に制限しているのである。

5　ムスリムに対する恐怖とマバタへの賛同

では、「民族宗教保護法」をはじめとする愛国主義的反ムスリム運動を、仏教徒女性はどう捉えているのだろうか。

まず、前述のタイム誌のように、国外では過激派僧侶主導による反ムスリム運動は否定的に報道されるが、国内では一定程度の支持を得ている点に留意する必要がある。二〇一三年七月の「民族宗教保護法」の策定を求める書状では、マバタは一三三万五六〇〇人の署名を集めているが、その後も賛同者を増やし、二年後には全人口の七・八%に相当する総計四〇〇万人以上の署名を集めたとしている（Mabhatha 2015: 10）。

ヤンゴン在住のラカイン族で結成された文化団体の長を務める元高校教師のドー・ミィンソー[*12]も、熱心なマバタ支持者の一人である。彼女がマバタを支持する理由は、彼らが外国から入ってきた異教徒である「ベンガル人ムスリム（ロヒンギャ）」から、ラカイン族と仏教の双方を護る活動をしてくれているからであるという[*13]。

彼女は、ラカイン族女性は二重に権利を損なわれてきたと話す。ビルマ族を中心とする中央での決定などは少数民族には知らされず、その結果ラカイン州には多数の「ベンガル人ムスリム」が入り込み、多くのラカイン族が土地の権利を奪われた。さらに、「ベンガル人ムスリム」は国際世論を味方につけ、彼らの人権を保障するよう要求するが、我々には自らの権利を主張する機会すら与えられてこなかったという。中でも、村で生活する少数民族女性には何も知らない人が多く、それに付け入り嘘をついて結婚し、子どもをムスリムにするような計画が存在するため、仏教徒であるラカイン族は衰退し、「民族問題」となる危険性があるという。こうした動きに抗するのがマバタや九六九運動であり、彼らは我々の民族と宗教を護ってくれるため、他の少数民族団体やビルマ族の団体とともに、女性の立場からマバタの僧正やウー・ウィラトゥらの言うことに従って活動をしていると語る。

センサスによると、仏教徒はミャンマー全人口の約九〇％を占める一方、ムスリムは約四％に過ぎない。[14] 人口構成上、仏教徒が圧倒的多数派を占めるミャンマーにおいて、マイノリティのムスリムに対しなぜ恐怖を感じるのか、外からは理解しにくい。しかし、九六九運動に関わる高僧の説法会やその録画ＤＶＤでは、ムスリム人口の拡大により仏教が消滅し、仏教国ミャンマーがイスラームに乗っ取られる危機感が、手を替え品を替え、説かれる。[15]「無知な仏教徒女性を騙して強制改宗の上結婚し、その子どもたちをムスリムにする」というドー・ミィンソーの主張は、九六九運動で展開された典型的な反ムスリム言説の一つといえる。

写真 4-3　969 運動に関わる僧侶らの説法 DVD（写真右がウー・ウィラトゥ）

　ドー・ミィンソーの語りは、民族、宗教、ジェンダーといった多様な差異が交錯する中で、これまで声を封じ込まれてきた少数民族女性が、自らを搾取されるマイノリティとして位置づけ、状況の変革を求め、主体的に声を上げている例といえる。しかし彼女のいう「民族問題」とは、宗教衝突の解決ではなく、「ラカイン族仏教徒」という宗教を含む民族的アイデンティティの擁護であり、それがムスリムという他の集団的アイデンティティの否定や排除へと傾く時、宗教対立は不可避となってしまう。

6 マバタ支持者の女性に対する見方

一方、ムスリム女性に同情の声を寄せるマバタ支持者もいる。上記ラカイン族文化団体の下部組織である未婚女性団体に所属する、伝統衣装デザイナーのマ・タウンヌエ（三五歳）は、自らを瞑想実践する「仏教の素晴らしさを知る真に宗教的な人間」といい、仏教的な実践を行わない仏教徒を「先祖伝来の仏教徒」と呼び他者化する。[*16] そして、女性蔑視的なイスラームに対し、仏教は女性の権利を認める素晴らしい宗教であるとし、ムスリム女性を「真の信仰」に気づかず、誤った信仰により自由や権利が侵害されている人々と憐れむ。他方、女性の権利を護る仏教の価値に気づかず、目先の欲にくらみ裕福なムスリムと結婚するため容易に棄教する「先祖伝来の」若い仏教徒女性に対する危機感を主張し、仏教実践を深める必要性を説く。

また、彼女らの団体ではマバタの支援活動のほか、「民族問題」解決と社会貢献活動をしている。「民族問題」解決のため、宗教対立が比較的沈静化した二〇一四年から、ラカイン州内の「ベンガル人ムスリム（ロヒンギャ）」集住地区に住むラカイン族仏教徒に、仏像や仏教書を届ける活動などを行っている。幼い頃をラカイン州で過ごした彼女は、ムスリム集住地区に住み続けるマイノリティのラカイン女性こそが、紛争の「最前線」で戦う仏教の真の保護者であり、自分たちは「民族問題」解決に向け、彼／彼女らを勇気づけるための活動をしていると自負する。

前節のドー・ミィンソーと同様に、彼女にとっての「民族問題」の解決とは、民族的宗教的境界の設定を本質化し、その純化に心を砕くことであるため、批判の矛先はムスリムのみならず仏教徒にも向かう。同じ女性としてムスリム女性のおかれる状況に同情しつつも、宗教の垣根を越えて彼女らと手を携え、苦境に立ち向かうという選択肢はそこにはない。結果、ムスリム女性にとってのイスラームのあり方や、ムスリムと仏教徒が隣り合って生活する場で生起する複雑な関係性は捨象され、差異は自文化中心主義的に解釈されている。

また、「民族宗教保護法」は少数民族女性を護ると同時に「血筋」を保護するものであるため、それを推進するマバタやラカイン族年長者の訓戒に従って活動しているという。同じ未婚女性の団体に所属する自営業のマ・ルインマー（三五歳）も、こうした考えに同意する。*17 ①「人口統制法」の産児制限について聞いた際*18、貧しい少数民族女性の中には、子どもができても育てられず、ごく安価で手放す者がおり、その子どもは「ベンガル人ムスリム」に買われムスリムになってしまうという。すべては何も考えず妊娠出産する女性の責任で、子どもを産むなら責任を取るべきであるため、産児規制を設けることに何ら問題はないという。ここでは個々の女性がおかれている社会経済的状況は忖度されることなく、すべての責任が個々の女性に帰されており、なおかつ産ませる側の男性の責任は問われない。

以上、マバタを支持する女性たちの考えを見てきた。彼女らはラカイン州の出身であるため、宗教対立の激化しなかった地域と比べ、極端な意見を持っている可能性があり、マバタを支持する女性がすべてこのように考えているわけではない。しかし、同じ民族の仏教徒であっても、熱心に仏教を実践しない「先祖伝来の仏教徒」女性や、「無計画」に子どもを出産し手放す貧しい女性に対するまなざしは厳しい。宗教的アイデンティティと民族的アイデンティティが不可分なかたちで絡み合うミャンマーにおいて、経済的優位に立つと見なされるムスリムとマジョリティであるビルマ族の狭間で、少数民族の人々が自らの民族的個別性を主張する時、差異の「最前線」に立たされるのは常に女性であるといえる。

7 「民族宗教保護法」に対する見方

次に、マバタの「民族宗教保護法」を見てみたい。五節のラカイン族文化団体のドー・ミィンソーに対し、「民族宗教保護法」の前にまず女性に対する暴力を規制する法案を作るべきというマ・ミャチッ（九節参照）の主張を筆者が伝えたところ、彼女は次のように法案制定の意義を強調した。

「一方から見れば批判すべきものに映るかもしれない法案であっても、『仏教徒女性婚姻法』のおかげで、異教徒との婚姻後に暴力を振るわれた女性が訴え出ることができるようになった。ヤンゴンのあるモスクの指導者も、礼拝で仏教徒女性との婚姻を避けるよう指導していることから、法律の存在は女性に対する暴力だけでなく、仏教徒とムスリムの婚姻の抑止力になっている」。

では、マバタ支持を表明しない人々は、マバタが起草した「民族宗教保護法」を、どう考えているのだろうか。

マンダレー在住で六四歳のドー・エーミィンは配偶者ともビルマ族で、定年退職する前は弁護士をしていた。[*19] 熱心な仏教徒であると同時に、法廷でこれまで女性の権利を守る立場を貫いてきたという自負を持つ。彼女は、マバタや九六九運動などの過激派は好きではないが、法案に関しては賛成の立場を取る。④「一夫一婦法」はこれまで仏教徒慣習法上、男性にのみ許されてきた重婚を禁止する点で画期的な法案であるとする。④「一夫一婦法」以外の法案について、筆者が概略を説明したところ、②「宗教改宗法」はしっかりと宗教について勉強した上で改宗すべきであるため良い法律であるとし、③「仏教徒女性婚姻法」については、無知により、あるいは騙されてムスリムに嫁ぐ仏教徒女性を「護る」ために必要だとする。一方、一人目を産んだあと三年間の産児規制を設ける①「人口統制法」については、ムスリム地域に特定する法案ではないため問題はないものの、三年の間に子どもができた場合にどうするかなど、運用の点で不明な点は残るとしていた。

同じくマンダレーに住むビルマ族で六五歳のドー・キンタウンは、マンダレー大学数学科を卒業後、シャン族仏教徒と結婚し、夫婦で軽食店を営む。[*20] マバタの活動や九六九運動は宗教対立を煽るため反対だが、④「一夫一婦法」には大賛成という。人口に膾炙する話としてではなく、事実としてムスリムと結婚した知り合いの若い仏教徒女性が困難な状況にあり、[*21] 店でもムスリムらしき少年と少女の姿が目立つため、無知あるいは経済的困窮を抱える少女を「護る」には、③「仏教徒女性婚姻法」は必要であると力説する。

このように、「民族宗教保護法」の話で登場するのは、まず④「一夫一婦法」である。本来マバタはムスリムを想定して④「一夫一婦法」を策定したが、実際には同法施行後、慣習法上男性にのみ許されてきた重婚や不貞の結果、妻に訴えられる仏教徒男性が頻出した。ここから女性仏教徒にとって同法は、マバタの意図とは無関係に、配偶者との法律上のジェンダー・イコールな関係性を促進する意味で歓迎されているといえる。

一方で、孫もいる彼女らは、次世代を担う仏教徒女性を心配するがゆえに、これから結婚する若者に関連する③「仏教徒女性婚姻法」を強く支持する。元弁護士のドー・エーミィンとの議論の中で、筆者が女性の主体性や配偶者を自由に選択する権利が侵害される可能性を指摘すると、「人権の重要さはわかるが、何も知らないことでムスリムとの婚姻という『自由な』選択をした結果、困るのは彼女たち本人だ。彼女らを『護れ』ば、その子どもたちも仏教徒となる。人権などの西洋の概念も重要だが、必ずしもこの国に馴染まない場合もある。彼女らを『護る』ためであれば、彼女らの主体性や人権もある程度制限される必要があり、それが結果として本人の利益につながる」と語る。

このように、仏教徒女性を「護る」という語りの背後には、裕福で「狡賢な」ムスリム男性と、それに騙される「無知」で貧困な仏教徒女性というステレオタイプ的な言説が存在する。そして、結婚適齢期の若い「無知」な女性に必要なものは、主体性や人権ではなく、管理監督保護であるという意識は、マバタに限らず知識や経験を有する年配女性にも共通して見られる。この点でマバタは自身を弱者あるいは被害者と見なす仏教徒の意識と、ムスリムに対する恐怖をうまく汲み取っているといえるだろう。

マバタの急進的な活動には反対しながらも、法案が好意的に受け止められている背景には、まず草案の時点で懸念された極端な人権侵害が、改正施行法では削除されていることがある。そしてムスリムに対する恐れと被害者意識に加え、仏教徒間の法律上のジェンダー格差の克服という意義や、「伝統」的に見られる若い女性による主体性の発露に対する危険視（飯國 二〇一三）といった複数の要因が絡み合う中で、法案に対する好意的意見が形成されているといえる。

8　心情における理解と批判的まなざし

以上、「民族宗教保護法」に対する賛成と反ムスリム運動への賛同はイコールではないことが分かったが、心情的にはマバタに一定程度の理解を示しつつも、彼らのやり方に冷静かつ批判的な目を向ける仏教徒女性は、特に高学歴層に多く見られる。

ラカイン族仏教徒で海外経験も有する元高級官僚のドー・エーミャ（六五歳）は、ムスリムが仏教の強いミャンマーさえ手中に納めれば、タイなどの他の仏教国も手に入れたいと考えているという説を主張する。[*22] マバタは世界中をムスリムにしようとするイスラーム教徒の考えから「仏教国」たるミャンマーを護っていると思うが、国際的視点から見た場合、彼らの極端な過激派行動は恥ずべきものに映るため、好きではないという。また彼女は、宗教衝突の大規模化が、二節で述べた政府報道をきっかけとしていたことにも注目し、暴動に対する政府の婉曲的関与を疑っていた。[*23]

同じく、大規模な宗教衝突の発生したマンダレーで大学教員をしているビルマ族仏教徒のマ・フラスウェ（四三歳）も、日々SNSなどで拡散される、仏教徒女性や子どもをレイプして殺すムスリムの情報に危機感を覚えている。[*24] 多くの悪いムスリムに対抗するマバタの考えに同意し、ミャンマー国民もそれに追従すべきだと考えているが、一方で、そのやり方には疑問を呈する。[*25]

彼女は、「民族宗教保護法」成立を目指すマバタが、同法を政治的駆け引きの道具として用いたことを批判すると同時に、マバタはテインセイン元大統領率いる前政権与党ＵＳＤＡの操り人形として利用されたと考えている。総選挙後も圧勝したＮＬＤへの批判を続けるマバタに批判的な目を向けるほか、二〇一六年四月に急進的若手仏教僧の団体が、シュエダゴンパゴダ近くでムスリムの露天商を力ずくで排斥したことに言及し、「強い後ろ盾を持ち、特権と武器を有する人間がその特権を振りかざして、自らのグループに敵対する人々を攻撃する」ことに強い不快感を示していた。また、レイプや人殺しといった事件はミャンマー人仏教徒の間でもかなり多いことを指摘し、それらを規制する法律の必要性を説く。

政府やマバタの主張を鵜呑みにせず、すべてのムスリムを一括りにしない冷静なまなざしは、宗教対立を避ける上で不可欠な視点である。また、宗教や民族の如何にかかわらず、女性や子どもに対する暴力を規制すべきという意見は、反暴力という共通項を介した女性の連帯可能性を考える点で示唆に富む。

9　宗教間対話の促進と女性の連帯可能性

以上、マバタに対する見方と関わりなく、改正「民族宗教保護法」が概して好意的に仏教徒女性に受け止められていることを述べた。しかし、四節で述べたように、素案は女性の主体性や権利を潜在的に制限するものであり、こうした危惧の声は市民社会組織からも上がっていた。では、仏教徒女性を「無知」な存在と決めつけ、その主体性を法により統制するのではなく、主体性を尊重しながら宗教対立を避けるには、どのような方法があるのだろうか。

二四歳の若い未婚女性であるマ・ミャチッ（ビルマ族仏教徒）は、ダゴン大学英文科を卒業し、宗教間対話や女性問題を含めた「平和」を促進するCSO（市民社会組織）に勤務する。[*26] 彼女の所属先では、大規模暴動の発生したメイッティーラーで宗教間対話を促進する活動を行い、多様な宗教を学ぶためのコースをマンダレーで開設していた。また、彼女は、四節で述べた市民社会組織による③「仏教徒女性婚姻法」反対声明にも名を連ねたことで、「文化的裏切り者」の烙印を押され、SNSを介した悪質な嫌がらせも受けている（cf.ナーラーヤン二〇一〇）。

しかし彼女も改正施行法は総じて悪くないとし、特に④「一夫一婦法」はもっと早くから存在すべきであったと語る。一方、改正施行法では遺産相続や夫からの暴力などに関し、仏教徒女性の権利は保障されるが、その中に非仏教徒の少数民族女性は含まれないため、すべての女性の体と心と性に対する暴力を阻止する法案を策定すべきとする。すでに、他の市民社会組織とともに宗教の如何を問わない「女性に対する暴力を阻止する法案」を策定し、議会に提出するという具体的行動も起こしているが、マバタの「民族宗教保護法」とは異なり、議会への素案提出後一年たっても法制化の動きは見られないという。

二節で述べたように、宗教衝突の発端は往々にして女性に対する暴力であったことを考えると、婚姻により仏教徒女性の主体性を制限する前に、まずは宗教の如何にかかわらず女性に対する暴力を厳しく取り締まる法を策定すべきという彼女の主張は妥当であろう。そして、宗教対立を避けるには、女性に対する暴力の責を、集団ではなく個人に帰すと同時に、女性や子供をはじめとする社会的弱者の権利を、宗教の如何を問わず保障することこそが、重要ではないだろうか。

10　おわりに

以上、マバタと「民族宗教保護法」を軸に、反ムスリム運動に対する女性仏教徒の考えや関与のあり方を見てきた。マバタや九六九運動を積極的に肯定し活動にも参加する女性がいる一方、彼らを「過激派」と見なし否定的意見を持つ女性も見られた。一方、改正「民族宗教保護法」については賛成する意見が大半であったが、それはマバタの主張を受け入れたわけではなく、慣習法上のジェンダー不平等の是正に対する賛同を基盤としていた。

当然のことながら、一口に「仏教徒女性」といっても、個々人の年齢や民族的背景、教育水準、経済状況、社会環境などの違いにより、反ムスリム運動に対する見方や関与の度合いはまったく異なり、一括りにすることは、到底できない。本章の事例では、「女性」というジェンダーを共有することによる共感よりも、むしろ女性間の差異や分断が際立っていた。

では、こうした状況でフェミニズムはいかに関わることができるのだろうか。そもそもミャンマーを含む東南アジアは、近隣諸国や一九世紀から二〇世紀初頭のヨーロッパとの対比から、男女の相互補完性と「女性の地位の高さ」が強調されてきた地域であり、その結果ジェンダー研究も低調とされてきた[*27]（中谷 二〇〇七、速水 二〇〇七）。ミャンマーでも実際には、男性領域への女性の参入を進める動きは存在したが、それらは「フェミニズム」という呼称を伴わないばかりか、「ミャンマーの女性の地位は高いため、フェミニズムは必要ない」とさえいわれることもあった（飯國 二〇一六）。いわゆるフェミニズムの概念は、人権概念とともに民主化後本格的に導入されつつあるといえ、九節で述べた宗教や民族の差異を超えて女性に対する暴力を制限しようとする取り組みも、こうした流れの中に位置づけることができる。

ここから、民族や宗教といった差異を基盤として形成された集団的アイデンティティが、宗教衝突という極端な形で現れたミャンマーの現状を考えると、宗教や民族などの差異が卓越する状況に、フェミニズムという補助線を引くことの重要性が浮かび上がる。宗教対立の発端が女性に対するレイプや暴行であったことを想起するならば、女性に対する暴力の厳罰化は、衆人の求めるところであるのみならず、民族や宗教といった差異を基盤とする集団的アイデンティティの肯定と擁護を求める前に、普遍的な基盤として存在すべきものといえる。八節のマ・フラスウェが指摘するように、集団に対してではなく個人にその責を負わせることが重要となる。

第二波フェミニズム以降、女性というカテゴリー内での差異の抑圧が暴露され、女性という概念の構築性が明らかにされてきた。しかし、フレイザーは「差異」を文化的多様性へと同化することで、政治経済に根差した差異化要因が曖昧になり、正義の射程が切りつめられる危険性を指摘する（フレイザー 二〇〇三：一二）。本章の事例に即していえば、貧困や教育程度の低さによる仏教徒女性間の差異化の強調は、女性の抱える政治経済に根差した差異化要因を曖昧にするものであり、その結果、社会的正義の射程が切りつめられてしまう。女性蔑視的な社会構造の中で発生し、宗教対立の発端となる女性に対する暴力という問題に立ち向かうには、肉体的脆弱性を共有する者として、女性に対する暴力の厳罰化に向けて手を携え、教育や避妊へのアクセスを高めることで女性内の格差を解消することが重要であろう。

謝辞

まず、インタビューに応じてくれた女性たちに心からの感謝を申し上げたい。本稿のもととなった調査では、筆者が当事者間の課題と問題共有の土台作りのための媒介となれるよう心がけた。マバタ支援者のラカイン族の女性に、CSO勤務の女性が主張する暴力を禁止する法案の重要性を指摘したり、CSO勤務の女性に年長者であるドー・キンタウンの意見を聞いてもらったり、互いに接点の少ないと考えられる人々同士が、筆者の訪問を機に異なる意見に触れられるように努めた。フィールドワークの過程で、当事者同士をつなごうとする小さな試みに過ぎないが、その成否の判断は、本稿が日本語であってもビルマ語に翻訳して読むと話してくれた当事者である女性たちに委ねたい（本稿の調査はJSPS科研費JP二五三〇〇〇五四の助成を受けている）。

注

＊1　ミャンマーでは二〇一四年に三一年ぶりの国勢調査が実施され、宗教別人口は二〇一六年七月になり公開された。推計値では、上座仏教徒八七・九%、キリスト教徒六・二%、イスラーム教徒四・三%、ヒンドゥー教徒〇・五%、精霊信仰〇・八%、その他宗教〇・二%、無宗教〇・一%となっている（Department of Population 2016: 4）。土着の少数民族には上座仏教やキリスト教、精霊信仰を信仰する者が、植民地期に流入したインド系にはイスラーム教徒とヒンドゥー教徒が、中国系には上座仏教徒や大乗仏教徒が多く見られる。

＊2　ラカイン州における民族宗教的構成には、他地域に比べムスリムの比率が高いという特徴がある。同州の民族構成は、ラカイン族六七・八%、バングラデシュ人二四・三%、チン族三・二%、インド人二・四%、ビルマ族〇・七%、ビルマ人と外国人の混血〇・五%、その他外国人一・一%であり（IMD 1987: 1-14）、宗教人口は、上座仏教徒六三・三%、イスラーム教徒三五・〇%、キリスト教徒一・二%、ヒンドゥー教徒〇・三%、精霊信仰その他〇・一%となっている。二〇一四年センサスでは、ラカイン州で希望する名称での調査が行われないことに対する、国税調査ボイコットがあり、その数は一〇九万人に及ぶ。上記宗教人口の数値は、センサス

をもとに、これらをイスラーム教徒として筆者が算出した数値である（Department of Population 2016: 3）。

＊3　ミャンマー政府は「ロヒンギャ」という民族は存在しないとする立場を取り、「バングラデシュ（ベンガル地方）出身のイスラーム教徒」という言葉を用いる。またラカイン族の中には、「ベンガル人ムスリム」が自称として用いる「ロヒンギャ」は、本来「ベンガル人ムスリム」を指すものではなく、ラカイン族を指す他称であったと主張する者もいる。本章では混同を避けるため、「ベンガル人ムスリム（ロヒンギャ）」という名称を用いる。

＊4　主な事件は以下の通り。貴金属店での仏教徒とムスリムの言い争いをきっかけとした僧侶主導と見られる大規模暴動で、二〇〇名近くが死亡（二〇一三年三月メイッティーラー）。自転車に乗ったムスリムの少女が僧侶とぶつかったことをきっかけとする衝突（同年四月ヤンゴン近郊オウッカン）。口論となった若い仏教徒女性にムスリム男性がガソリンをかけ火をつけるという事件を発端とする暴動（同年五月シャン州ラショー）。若い仏教徒女性に性的暴行を加えようとした疑いで逮捕されたムスリム男性の引き渡しを、僧侶を含む仏教徒の群集が警察に要求したが、拒否されたことをきっかけに発生した焼き討ち（同年八月ザガイン管区カンバルー）。喫茶店を経営するムスリム男性が従業員の仏教徒女性を強姦したというネット上の噂を発端とした反ムスリム暴動の結果、約二ヵ月にわたる夜間外出禁止令が発令（二〇一四年七月マンダレー）。

＊5　「仏陀の九徳」「法の六徳」「僧伽の九徳」に由来する。

＊6　詳しくは、藏本（二〇一六）、土佐（二〇一六）を参照。

＊7　成立した法案の概要については、飯國（二〇一六）を参照。

＊8　仏教徒女性との婚姻を望む者は仏教徒である公的証明書のほか、女性の保護者の了承を示す公的証明書を得なければならず、破った場合には一〇年の懲役刑が科されるなどの条項を含む（Mabhatha 2013b: 22-24）。

＊9　女性団体などによる批判の内容と、その後の同団体に対する攻撃などについては飯國（二〇一六）を参照。

＊10　嶺崎寛子氏のご教示による。ちなみにビルマ仏教徒慣習法では、婚姻後の蓄財は夫婦の共同所有となり、

離婚に際し財産分与権が発生する。

＊11　三蔵経典に含まれる律蔵は、出家者の禁止事項や生活上の行動規定、違反時の処罰を含むが、これは出家者にのみ適用される。つまり、在家者を律する法は教義上存在しないため、世俗法で対処される。

＊12　以下、本章では仮名を用いる。

＊13　二〇一六年二月二三日に筆者が行ったインタビューによる。

＊14　注一参照。ミャンマーイスラーム評議会のティンマウンタンが、コミュニティベースの調査と出生率を勘案すると、ムスリム人口は四％から一〇％に及ぶというように（Kyaw Ye Lynn 2016）、実際にはムスリムの割合はもっと多いと考えられる。

＊15　「ムスリムは人口を増やして経済力をつけ、国家を乗っ取るつもりだ」、「妻を四人まで持つことができるムスリムは、子どもを増やしミャンマーをイスラーム国家にしようとしている」、「モスクは仏教徒女性と結婚したムスリム男性に対して、女性の学歴や親の職業などに基づき報奨金を出すことで、仏教徒を減らしムスリム人口を増やそうとしている」、「かつて仏教国だったアフガニスタン、パキスタン、インドネシア、マレーシアなどはいまやイスラーム国家となってしまった。ミャンマーもイスラームに取り込まれてしまう」、「七八六をそれぞれ足すと二一になる。七八六は二一世紀にはミャンマーをイスラーム化しようとする彼らの秘密の暗号だ」といった例が挙げられる。

＊16　二〇一六年二月二三日に筆者が行ったインタビューによる。

＊17　二〇一六年二月二三日に筆者が行ったインタビューによる。

＊18　①「人口統制法」は、特定地域として指定された地域に住む女性に、出産後三六ヵ月の出産間隔を課すものである。マバタはムスリム人口の増加を防ぐため、ムスリム集住地域に対して同法案の適用を想定していた。詳しくは飯國（二〇一六）を参照。

＊19　二〇一六年二月一六日に筆者が行ったインタビューによる。

＊20　二〇一六年二月一七日に筆者が行ったインタビューによる。
＊21　父が仏塔管理委員会に名を連ねる若い仏教徒女性が、正式な婚姻を経ず未婚のままムスリム男性の子どもを産み、産んだ娘は先方に引き取られた。その後第二子を出産したところ男児だったため、男児が先方に引き取られ、代わりに娘が返されてきたという。また一部のモスクは、仏教徒女性と結婚した場合、父親の職業や女性の学歴に応じて報奨金を支払っていることから、ムスリムは意図的に仏教徒を減らし、ムスリム人口の増加を企図していると語る。
＊22　二〇一六年二月一九日に筆者が行ったインタビューによる。
＊23　当時ラカイン州政府が、中国に輸出されるラカイン州産天然ガスの権利を中央政府に主張していたことから、政府はラカイン族の目を天然ガスの権利の問題からそらせるため、あえて仏教徒とムスリムの衝突として報道した可能性を指摘する。
＊24　二〇一六年二月一三日に筆者が行ったインタビューによる。
＊25　二〇一六年四月三〇日のSNSを介した私信による。
＊26　二〇一六年二月一七日に筆者が行ったインタビューによる。
＊27　こうした言説がミャンマーでいかに歴史的に形成されてきたかを問う研究には、池谷（Ikeya 2011）、タラピータン（Tharaphi Than 2013）などがある。

参考文献

飯國有佳子　二〇一〇『ミャンマーの女性修行者ティーラシン——出家と在家のはざまを生きる人々』風響社。
飯國有佳子　二〇一一『現代ビルマにおける宗教的実践とジェンダー』風響社。
飯國有佳子　二〇一三「自由な女性と不自由な女性——ジェンダー」田村克己・松田正彦編『ミャンマーを知るための六〇章』明石書店、一四八—一五二頁。

飯國有佳子　二〇一六「ジェンダーをめぐる問題」阿曽村邦昭・奥平龍二編『ミャンマー――国家と民族』古今書院、五九五―六〇七頁。

川橋範子　二〇一二『妻帯仏教の民族誌――ジェンダー宗教学からのアプローチ』人文書院。

藏本龍介　二〇一六「ミャンマーにおける宗教対立の行方――上座仏教僧の活動に注目して」国際宗教研究所『現代宗教二〇一六』九九―一一七頁。

斎藤紋子　二〇一五「ミャンマー社会におけるムスリム――民主化による期待と現状」工藤年博編『ポスト軍政期のミャンマー――改革の実像』アジ研選書三九、アジア経済研究所、一八三―二〇四頁。

土佐桂子　二〇一六「仏教徒とイスラーム教徒の共存の可能性」阿曽村邦昭・奥平龍二編『ミャンマー――国家と民族』古今書院、五七八―五九四頁。

中谷文美　二〇〇七「国家が規定するジェンダー――役割とローカルな実践」宇田川妙子・中谷文美編『ジェンダー人類学を読む――地域別・テーマ別基本文献レビュー』世界思想社、二〇―四六頁。

ナーラーヤン、ウマ　二〇一〇『文化を転位させる』塩原良和監訳、法政大学出版局。

速水洋子　二〇〇七「他者化するまなざしの交錯の中で――タイ」宇田川妙子・中谷文美編『ジェンダー人類学を読む――地域別・テーマ別基本文献レビュー』世界思想社、四七―七三頁。

フレイザー、ナンシー　二〇〇三『中断された正義――「ポスト社会主義的」条件をめぐる批判的省察』御茶の水書房。

AWID 2014. Women's Rights Activists Resist Myanmar's Proposed Law on Protection of Race and Religion. http://www.awid.org/news-and-analysis/womens-rights-activists-resist-myanmars-proposed-law-protection-race-and-religion#sthash.JiAxWxt3.dpuf（最終アクセス二〇一六年九月三〇日）

Department of Population 2016. *The 2014 Myanmar Population and Housing Census, The Union Report: Religion, Census Report Volume 2-C.*

Human Rights in Asean online platform. Statement of Women's Groups and CSOs on preparation of draft Interfaith Marriage Law in Myanmar. http://humanrightsinasean.info/campaign/statement-women%E2%80%99s-groups-and-csos-preparation-draft-interfaith-marriage-law-myanmar.html#sthash.ODFlALHO.dpuf（最終アクセス二〇一六年九月三〇日）

Ikeya, Chie 2011. *Refiguring Women, Colonialism, and Modernity in Burma*. University of Hawai'i Press.

Immigration and Manpower Department（IMD）1986. *Burma 1983 Population Census*.

Immigration and Manpower Department（IMD）1987. *Rakhine State 1983 Population Census*.

Kyaw Ye Lynn 2016. Census Data shows Myanmar Muslim population has fallen. *Anadolu Post*. http://aa.com.tr/en/asia-pacific/census-data-shows-myanmar-muslim-population-has-fallen/612764（最終アクセス二〇一六年九月三〇日）

Mabhatha, Baho 2013a. *Thakithwei Jane Paungyout* 3: 217-220, Mabhatha（Baho）.

Mabhatha, Baho 2013b. *Amyo saunt Ubadei hsainya Thikaunzaya hnin Shinlinkyetmya*. Mabhatha（Baho）.

Mabhatha, Baho 2015. *Amyo saunt Ubadei hnin Thikaunzaya*. Mabhatha（Baho）.

Maung Thwei Hkyun 2013. *Amyo Bhatha Thathana thomahout Naingandawye Outmyit Naingandawye Tharaphu*. Manhkyaun Sapei.

May Sitt Paing 2013. Buddhist Committee's 969 Prohibitions Prompts Meeting of Movement Backers. *The Irrawaddy*.（2013/09/10）http://www.irrawaddy.com/burma/buddhist-committees-969-prohibitions-prompts-meeting-of-movement-backers.html#.Ui_kvR51VtE.facebook（最終アクセス二〇一六年九月三〇日）

Republic of the Union of Myanmar 2013. *Final Report of Inquiry Commission on Sectarian Violence in Rakhine State*. http://www.burmalibrary.org/docs15/Rakhine_Commission_Report-en-red.pdf（最終アクセス二〇一六年九月三〇日）

Tharaphi Than 2013. *Women in Modern Burma*. Routledge.

Thawpaka, Daukta 2013. Nilahkan ye Nilahkan. *Thakithwei* 1 (2): 26-29.

第5章

仏教儀礼を支える、変える

中国シーサンパンナのタイ族女性と上座仏教

磯部美里

1　はじめに

ジェンダーの視座からの中国女性を対象とする宗教研究は、一九六〇年代に端を発するフェミニズムに影響を受けた欧米における宗教研究および中国研究から始まったと言えよう。そこにおいては、中国女性は自らのエンパワーメントのために特定の宗教観念や儀礼の中に身をおいていること、ジェンダー化された認識や表象は社会的・政治的権力によって歴史的かつ同時代的に構築されることが指摘されている（Jia, Kang and Yao 2014: 2-4, 12）。仏教関連では、当初、尼僧研究に注目が集まったが、近年では、女性在家信者の役割、仏教への女性の貢献、女性のエージェンシーや主体性についてのフィールドワークに基づく実証研究も出現し、新たな広がりを見せている。本章もまた、これらの欧米の中国女性を対象とする宗教研究の動向に、日本人フィールドワーカーとしての立場から参与を試みるものである。

中国国内に目を向ければ、一九九五年に開催された北京女性会議に前後して、「宗教と女性」を主題とする研究が数多く発表されるようになった。しかし依然として、ジェンダーの視点をそなえた「宗教と女性」の研究が不足している状況が見られる[*1]（馬・張二〇一五：七）。また、仏教を主題とする研究においては、大乗仏教とチベット仏教が二大潮流であり、上座仏教に関する研究は決して多くない。

というのも、上座仏教は、中国国内においては東南アジア諸国と国境を接する地域の一部の少数民族、約八九万人にのみ信仰されている宗教だからである（長谷川・小島 二〇一一：三二五）。上座仏教圏に共通するのは、サンガに参加する出家主義、仏陀の定めた戒律を不可侵のものとして遵守する持戒主義であり、女性の出家が正式に認められていないという特徴である（林 二〇〇〇：六）。ただし、東南アジア地域では剃髪して寺院に止住し、出家者に準じた「出家」生活を送る女性修行者の存在も見られる（高橋 二〇一一：四二九）。

他方、本章で取り上げる中国シーサンパンナ（西双版納）タイ（傣）族自治州のタイ族（Tai Lue）社会においては「出家は男性の特権」（伍 二〇〇四：三四二）とされ、「出家」生活を送る女性は筆者の現地調査の限り見られない。[*2]「出家」生活を送る女性がいないことは、タイ族女性の信仰心の薄さを意味するわけではない。曹成章は「（タイ族）女性は敬虔さでは男性に劣らず、積極的にターンを行う」と述べる（曹 二〇〇六：五五四）。ターンとは、積徳を目的とした世俗信徒の仏教実践において中核をなす儀礼行為であり、タイ族社会ではターンを行うことで平和や幸福を得られ、極楽に行けると考えられている[*3]（長谷川・小島 二〇一一：三三九）。

伍もタイ族女性のターンへの積極的な態度について「一部の儀礼においては、女性は積極的に参与するだけではなく、儀礼の中心ですらある。この時、彼女たちの役割は顕著であり、唯一無二のものである」と述べる。しかし、一方で「一部の儀礼においては彼女たちの行為はあいまいで、儀礼に参加できない場合すらある」とも指摘する（伍 二〇〇四：三三八）。

本章においては、このようなターンに見られる個々の女性の宗教実践に注目する。なぜなら、上座仏教における宗教実践に関する研究においては、子を生み育て息子を出家させることが出家できない女性の積徳行為として解釈され、女性が宗教活動において積極的な役割を果たすのは、女性の宗教的劣位性を払拭するためであると見なされてきたからである[*4]（Kirsch 1975; 林 一九八六）。シーサンパンナのタイ族においても、息子を見習僧（パッ）にさせさえすれば、母親の贖罪がかなうと言われており、既存研究では、タイ族女性がターンに熱心なのはその劣位性の表れであるとされてきた[*5]（章 二〇〇三：二八二、二八六）。そこからは、本書の序章で川橋がいうように、「性別に関わる差別と権力構造を明示」するような、すなわちジェンダー化された宗教実践のありようが見えてくる。後述するように、「タイ族女性」と一口にいっても、年齢や立場（既婚や未婚、家族構成）、生業や経済状況などにより宗教実践は多様である。このような多様性やそこに内包される差異に敏感になる時、女性の宗教実践が単一の被抑圧的なものとしてのみ構成されているわけではなく、既存の性差別や権力構造を変える「社会変革の梃子になる力」の萌芽さえもがそこに見出せることがわかるだろう。

本章では村落共同のターンや不定期で行われるターンを事例として取り上げ、そこに見られる個々の女性の実践について考察を行うこととする[*6]。

2　シーサンパンナタイ族自治州の概況と調査地

シーサンパンナタイ族自治州は、雲南省の最南端、ミャンマーとラオスと国境を接する地域に位置する。かつてはここにシプソンパンナーと呼ばれる連合王国が形成されていたが、一九四九年中華人民共和国が成立すると中国に編成された。州内にはタイ族のほか、ハニ族やプーラン族などの少数民族が暮らしており、建国当初はこの地にほとんどいなかった漢族もタイ族に次ぐ人口を占めるようになった。現在、豊かな自然や民族文化を生かした観光地として有名な地域である。

一九九〇年代以降、この地は東南アジア大陸部とのネットワークの中枢としてインフラ整備が進行し、都市化も進んでいる。筆者が調査を進めてきた景洪市の西部に位置するG鎮においても二〇〇八年に工業区が誕生し開発が進んでいる。

B村は二〇一三年の統計によれば、人口六八五人一六四世帯が暮らす村落である。一人当たりの平均純収入は五四六〇元で、二〇〇三年の一五六二元と比べてみると、ここ一〇年で三倍以上の収入増となっている。もともとは稲作とゴム栽培を中心とする農村であったが、近年は農業離れが進み、農地は漢族に貸し、近隣にある工業区に働きに出かけたり、景洪市内のスーパーやホテルに勤めたりする村民も多数出現している。

また、この村は観光業とも関わりが深い。二〇一一年よりB村は「生態旅遊（エコツーリング）村」として観光バスや観光客を迎え入れている。早朝には女性たちが協力して市を立て土産物やフルーツなどの農作物を売っており、昔ながらの家屋に暮らす村内の十数軒は観光客の見学を受け入れることを条件に月額一二〇〇元の報酬を得ている。さらに、B村は綿織物も有名で、村主導で村内に直売所付きの織物工場の建設も進んでいる。このように、B村は開発区域に隣接する脱農業化が進む村落である。

3　出家慣行とライフコース

シーサンパンナに上座仏教が伝播した時期については諸説あるが、一四世紀から一五世紀にかけてスリランカ大寺派系（マハーヴィハーラ）の上座仏教がタイ北部からシャン州南部を経て伝わったとする見解が有力である（長谷川 二〇〇一：二八二）。

現在も、タイ族の各村落には寺院（ワット）が一ヵ寺あり、大半の寺では正式僧（トゥ）や見習僧が止住している。タイ族の場合、村落に生まれた男児は、一〇歳ごろ見習僧として入寺し、寺で暮らしながら経典を誦読し文字の学習や仏教知識を得る。二〇歳ごろになり、教義や戒律について一定の知識や修養を持ち、寺の住職の認可を得ることができると、見習僧は正式僧に昇進する。大半の男子は正式僧になるかならないかのうちに還俗し結婚する。シーサンパンナでは、男子は一生のうちで必ず一度は出家しなければならず、僧侶としての体験を持ってこそ教化されていると見なされ、結婚し子どもをつくる権利を得られる（加治 一九八八：五八）。それゆえに、生涯を僧侶として過ごす者は多くはなく、還俗後は出家経験のある在家信者として宗教活動に従事する。

一方、女児は出家することが禁じられており、在家信者として寺院を支える。

このような男児と女児の出家経験の有無はライフコースにも大きく影響し、さらにはそれぞれの呼称の変化にも表れる。

シーサンパンナのタイ族は、漢族の人々、あるいは漢族の文化や社会規範を受容した一部の少数民族のように、固定された「姓」はもたない。「タイ族は、姓はないが名前はある。しかもそれは一つにとどまらず、年齢、生活、立場の変化によってかわる」（雲南省民族文化研究所 一九九二：八九）といわれるように、男性の場合、幼名、見習僧あるいは僧職名、還俗後の尊称、父親としての呼称があるほか、村落内外の役職や政治的な地位に就けば、官位や役職の称号を付して呼ばれる。

調査で出会ったある男性の名前の変化を例に挙げてみよう。この男性は二〇一四年当時、八一歳であった。生まれた時の幼名は「アイ・ラー（漢語名は岩拉）」で、その後八、九歳の頃、見習僧となったため「パッ・ラー」、二〇歳で正式僧となり「トゥ・ラー」、その後二二歳で還俗したので「ハナーン・ラー」の名前を得たという。ハナーンというのは正式僧を経た住職経験のある者を表し、村落では知識のある者として人々の尊敬を集める。還俗後、結婚し子どもをもうけ「ボー・アイイン（漢語名は岩応）」とも呼ばれるようになった。「アイイン」というのは息子の名前で、「アイインの父」という意味を持つ。

一方、女性の場合はどのように変化するのだろうか。一九八一年生まれの女性は「イー・セン（漢語名は玉香）」と名づけられた。「イー」というのはタイ族の女性の共通の姓で「セン」が名である。その後、二〇〇六年に第一子を出産し、「メー・アイペン」とも呼ばれるようになった。「アイペン（漢語名は岩扁）」というのは息子の名前で、メーは母を表し、「アイペンの母」という意味である。

タイ族の女性は出家できない上、基本的には村の役職にも就くことができない。そのため、僧職名、還俗名および役職名はなく、一生のうちで二つの名前しか持たない。生まれてから結婚し子どもを生むまでは幼名、子どもを産んだ後は母としての名前となり、一生を終える（郭二〇一二：一一〇）。

このように、タイ族においては男性も女性も同様に名前が変化する。だが、男性が出家経験を中心に何度も名前が変わるのに対して、女性は新たな名前を獲得するチャンスは一度しかない。男児女児を問わず子どもを持つことである。[*7]

しかしながら、近年、学校教育が普及する中で見習僧とはならない男児が増加の一途をたどっている。

各村をまわり見習僧の数について聞取調査を行っている長谷川によれば、大躍進（一九五八〜六〇年）および文化大革命（一九六六〜七六年）の時期は宗教活動が批判の対象となり禁止され、寺院が封鎖、取り壊しにあった。そのため、一九八一年の段階では七五％の村落に寺院がなく、僧侶は皆無に近い状態になった。その後、寺院および宗教実践は再生、復興のプロセスを辿り、一九八四年には一寺院あたりの見習僧数は一五・二人まで回復した。だが、二〇一〇年には一・〇二人にまで落ち込み、村落の宗教活動の維持のため、他県のタイ族、ミャンマーに居住するタイ・ルー、タイ族同様、上座仏教を信仰するプーラン族から僧侶を招いている村落が増加している（長谷川 二〇一三：一二一―一一八）。

出家者の減少の理由としては、現代中国社会に生きる上で必要とされる知識が従来の上座仏教に基づく知識から科学技術に基づく知識へと変化したこと、見習僧となるには多額の費用がかかることなどが挙げられる。

4　B村の状況

B村には、一九八三年に修築された寺院がある。経済状況が豊かになるにつれ、近隣では寺院を建て直す村が少なくない。B村でも政府による農地収用計画が実現した後、寺院を建て替える予定である。

この寺院には、二〇一四年当時、B村出身の住職が一名、見習僧が一名いた。一九九二年生まれの住職は一二歳で見習僧となった。寺に寝泊まりしながら、地元の小学校、中学校を卒業し、二〇一四年三月に正式僧となった。二〇〇四年当時、いっしょに見習僧となった男児は一〇人ほどいたという。それに対し、現在は新たに見習僧となるものはいない。B村唯一の見習僧は市内の高校を卒業し、二〇一五年に正式僧となった。さらに、先の住職が還俗したため、その後をついで住職となった。

住職には村民一人当たり毎月三元が寄進されるため、住職はこれを生活費に充て、一部を見習僧に分ける。その他に儀礼時の布施や供物が臨時収入となる。

B村の状況を見る限り、見習僧のなり手不足は深刻であり、かりに見習僧となっても自炊や洗濯といった家事だけではなく、小学校、中学校、場合によっては高校へと通いながら修行しなければならないという姿が見えてくる。

だが、タイ族にとって寺院に僧侶は不可欠である。タイ族の村落では年間さまざまな仏教儀礼や宗教活動が実施されているからである。もっとも重要なのは、タイ暦の九月一五日（西暦七月）の安吾入りから一二月一五日の安吾明けまでの三ヵ月の期間に行われるものである。安吾入りはハウ・ワッサー、安吾明けはオク・ワッサーと呼ばれ、この期間、僧侶は持戒、読経に専念し、在家信者も持戒に勤め、仏事に専念することが求められ、結婚、住居の建築などが禁じられてきた。この時期には儀礼を通してターンが行われる。ターンには村落共同で行われる定期的なものと、個人や世帯、親族などが行う非定期的なものがあるが、ハウ・ワッサーとオク・ワッサーは前者に入る（長谷川二〇〇一：二八三）。この期間、七日ごとに住職の読経・説法を聴くターン・シンがあり、ハウ・ワッサーからオク・ワッサーにいたる中頃、写経した経典を寄進するターン・タムが行われる。シンとは戒律、タムとは経典を表す。

このような仏教儀礼は、住職、見習僧、ポーツァーンと呼ばれる住職経験のある還俗した男性信者が中心となり進められるため、僧侶の不在はターンに直接影響を及ぼす。経済的に豊かになり、儀礼にお金をかけること、いいかえれば儀礼の需要が増えても、供給側（僧侶）が少ないという、相反する現象が見られるのである。

5　ターンから見るジェンダー

ターン・タム

二〇一四年、この村落では二日間にわたりターン・タムが行われた。ターン・タムでは、各家庭が住職やポーツァーン、住職経験のある者に写経を頼み、それを寺に納め住職や見習僧に誦読してもらう。B村の住職によれば、「以前は納められた一〇〇以上の経典を誦読していたが、大変な時間がかかり何日間か費やしても誦読しきれなかったため、現在は少ない。今年（二〇一四年）は二七の経典を読経する」といい、初日は一三時半頃から始まり、二日目の一七時に終了した。

ターン・タムでは、ハンタムと呼ばれる竹でできたカゴ飾りに現金やさまざまな生活用品を入れ、一緒に寄進する。たとえば、石けん、コップ、タオル、歯ブラシ、歯磨き粉、マッチ、鏡などである。さらには、米粉やもち米でつくったちまき、果物などもハンタムに入れる。寄進された品物は、実際には止住する僧侶が使用するが、これらの品は寄進者が死後、使用すると考えられており、そのため生活に必要なありとあらゆるものが寄進される。

B村では従来、各世帯で準備していたハンタムを二〇一四年より組ごとに寄進することに決めた。この組は、ハウ・ワッサーの前に村の世帯をくじ引きで一〇に分けたものだという。各組ではハンタムのために一軒あたり七〇元が集められた。しかしながら初年度であるためか、個人的にさらにハンタムを準備し寄進する人も少なくなかった。これらの奉納品は女性が中心となって準備し、組ごとにハンタムを納める際にも、主にその組の代表の中年女性がそれを寺院に運んでいた。*8 ハンタムの簡略化が進んだ背景には、僧侶が少ないため各家庭が納めても使い切れない上、準備も大変であるといった事情が関係している。しかし、納める品が個人（世帯）から組へと変化しても、それを準備し寺へ運ぶのは女性である。

タムは住職と見習僧の二人が交代で誦読する。途中、仮眠や食事などの休憩をはさみながら進められるが、住職たちの食事の準備もまた女性が行う。初日の夜と翌日の昼の二回の食事は、先の一〇組

写真 5-1　ターン・タム

が二班に分かれ担当していた。担当の食事の際、各世帯は米一碗程度、惣菜一品を寄進し、それが机に並べられる。住職と見習僧、ポーツァーンは並べられた各総菜を食べ、三人の食事が終わると残りは寺院を管理する二名の男性や寺で読経を聴き持戒に勤める年配者に提供される。初日の夜は年配男性三名、年配女性一七名、二日目の昼は年配男性四名、年配女性一九名が寺で食事をとった。

このように、ターン・タム時に読経に耳を傾け、寺院内で持戒に勤めるのは、ほとんどが年配女性である。[*9] 読経を聴いていた七〇代の女性に、なぜ男性は来ないのか質問したところ、「男性は来たがらないから」という答えが返ってきた。別の年配女性は「男は酒を飲むから」と述べた。「男性はさぼっている」と答える年配女性もいた。ターン・タムの日は食事に友人や親戚を招く家庭が多い。

ターン・タムの二日間、本堂に上がった男性は僧侶とポーツァーンを除き、寺院の管理者二名、年配男性のべ一〇名前後、二〇代男性一名（住職の友人）、中年男性二名（一名は住職の父）であった。それに対し、寺泊りをした年配女性は八名おり、寺を訪れた女性はあまりに多く（しかも一人で何度も礼拝するため）、数えきれなかった。ただし、二日目の終わり頃（一六時頃）に礼拝に集まった女性の数を数えてみたところ八〇名以上にのぼった。参加していた四三歳の女性は「家族の平安無事を祈るために来る」と教えてくれた。寺を訪れた女性たちの多くは中年女性で、彼女たちは組あるいは自らが持ってきたハンタムの中のもち米や水、供物などを交換、追加したり、僧侶の食事の準備をしたりしていた。

このようなターン・タムでの女性の「役割」をまとめると、第一にハンタムの準備（ちまき作りも含む）、第二に食施、第三に礼拝となる。しかしながら女性の「役割」といっても、すべてのタイ族女性がターン・タムに関わっているわけではない。一〇代、二〇代の女性が参加しないだけではなく、三〇代であっても一度も足を運ばない女性もいる。実父、実母、夫と小学生の息子と暮らしている知り合いの三〇代女性にその理由を聞いてみると、答えは「母親が行ったから」というものであった。村落内におけるターンは各世帯に課せられた責務であり、それを担うのが主には一番年長の、あるいは家庭で中心的役割を果たす女性であることがわかる。

これについてさらに検討するため、次は二〇一五年八月三〇日と九月七日の二回にわたって参与観察を行ったターン・シンを見ていこう。

ターン・シン

ハウ・ワッサーからオク・ワッサーまでの三ヵ月の間、七日間隔で行われるターン・シンでは、午前八時から八時半まで、午後一六時から一七時半までの一日二回読経が行われる。毎回、午前中はポーツァーンの先導で始まり、住職によって祈りの経が唱えられ、参加者によってヤッナム（地面に水をたらす行為）が行われる。また、午後はそれに加えてタイ族の「百科事典」ともいえる貝葉経に収められている釈迦牟尼が仏となる前の物語が誦読された。[*10]

ターン・シンでも一〇組の女性たちが組ごとに決められた日に訪れる。

九月七日を例にとれば、午前、まずその日の担当組の中年女性一六名が集まり、ろうそくと朝炊き上げたもち米を本堂内のパッジャオ（仏像）二ヵ所と外の精霊祠に供え礼拝をする。この一連の行為は他のターンでも基本的に同じである。その後、それぞれ五元を出し合い、住職に礼拝する。さらには、住職が読経している際、家族の人数分のろうそくをたて、ヤッナムを行う。

なぜ家族の人数分のろうそくを立てるのか聞いたところ「家族の平安無事を祈るため」とのことであった。このような担当組の中年女性のほかに、持戒に勤める年配女性が一五名いた。午後も担当組

写真 5-2　ターン・シン

の女性一六名、年配女性一八名が同様に集まったが、物語の経が誦読されている時には担当組の女性たちは本堂の外に出ている。そして、ヤッナムになると戻ってくる。このような女性たちの行動様式からは、ターン・シンの主な目的が、担当組の女性が家族の平安無事を祈ることであるのに対し、年配女性は自らの積徳行為のためというように異なっていることがわかる。[*11] つまり、ターンにおける世帯の宗教的責務は主に中年女性が担っており、ろうそくを家族分灯すことで、個人だけでなく家族のターンまで行っているると考えられる。ターンを行う中年女性が家族のためという利他的な目的を持つのに対し、年配女性がターン・シンに参加するのは個人的目的、つまり持戒のためである。

四一歳の女性は、「男性は『大きな』ターンの時しか寺には行かない。ターン・シンは女性の役割」であると話していた。ここでいう「大きな」とはハウ・ワッサー、オク・ワッサー、新年を指している。実際に、ターン・シンでは年配男性は見当たらず、四〇代の男性が一人参加しているのみであった。この男性に話を聞いてみると、「妻が近くのホテルで働いており、今日は休めなかったので代わりに来た。女性が来ることができなければ男性が来てもよい」とのことであった。

安産祈願のターン

村落単位で行われるターンではなく、非定期で行われるターンには、病気の回復、安産、旅の安全などを祈願するものなどがある。二〇一六年三月六日、二三歳の妊娠六ヵ月の女性Gのために安産祈願のターンが行われた。タイ族は、妊娠中に必ず一度この安産のためのターンを行うという。

参加者は住職、ポーツァーン、Gの母親（五〇代）、母親の姉（六〇代）、母親の兄嫁（六〇代）、母親の伯母（八〇代）で、果物や菓子、総菜やもち米などの供物、Gの衣服が準備され、白布（出生した時に作成される本人の名前、誕生日、時刻などが書かれたもの）を置いた囲いの中にGが入り、ポーツァーンのかけ声で始まる。Gの年齢などを確認しながら住職が読経し、最後に住職がGにスーファン（綿糸で両手をそれぞれ結ぶこと）を行いターンは終了となる。住職には五〇元寄進し、ポーツァーンには二〇元のお礼を渡した。

ここで注目したいのは、参加者が住職とポーツァーンを除きすべて女性であるということである。Gの父もGの夫も参加せず、準備するものや方法、手順など、Gの母親の伯母に確認しながら、Gの母親（五〇代）、母親の姉（六〇代）、母親の兄嫁（六〇代）が協力して行っていた。つまり、このような非定期のターンもまた女性が中心となって行っており、さらにターンをめぐる知識は上の世代の女性から下の世代の女性へと継承されている。

6　道徳的責任としての「おかあさん」

ターンという宗教実践の考察を通して明らかになったことは、「タイ族女性」だからといって皆が能動的にターンに参与しているわけではなく、年齢や立場によって参与の仕方が異なっているということである。

見習僧となることが当然視される時代を生きた男性にとっては、寺院は学校であり経典は教科書のようなもので、出家経験はいわば義務教育に等しいものであった。そのため、ほとんどの男児は修行に励むことで功徳を積むこととなる。一方で、出家が禁じられている女性の場合、自ら積極的に読経を聴き、持戒に勤めることによって功徳を得る機会を持つことができる。

本章で取り上げたターンの事例からは、家族の代表者として儀礼の準備にたずさわる中年女性の姿、そして主な儀礼の準備を娘や息子の妻に任せ、読経を聴いたり寺に寝泊まりしたりしながら持戒に勤め、個人的功徳を積む年配女性の姿が見てとれた。男性の出家経験に対し、女性は儀礼の準備を通して仏教を身近なものとして体験し、家族を代表してターンを行うという経験を積む。そこには、歴史的に形成されてきた男女における宗教実践のありようの相違が表れている。

男性の出家経験が当然視される時代は過ぎ、学校教育こそが社会の「知」として重要視されるようになると、出家を中心として形成される男性のライフコースは変化を余儀なくされ、結果、男性が宗教実践に関わる機会も激減した。本章で見てきたように、村落共同のターン、特にターン・タムやターン・シンにはほとんどの男性は姿を見せない。また、安産祈願のターンにも住職やポーツァーンを除く男性は関与しない。一方、タイ族女性のライフコースにおいては、依然として宗教実践というプロセスが重要な位置を占めている。いいかえれば、男性が出家行動から離脱する中で、家庭内という「私的領域」においては、旧来の出家中心主義を支えてきたジェンダー規範が影響を及ぼし続けている。

これはタイ族女性が自らの宗教的劣位性に抗議した結果でも、伝統宗教への女性の「献身」や「自己犠牲」の表れでもない。女性の宗教実践は、家計を管理するのが女性であることや家事育児は主に女性が担うことなど（婉・李 一九九五：六八、磯部 二〇一一：一二八）、家庭内の性別役割分業と密接に結びつき、現代中国の社会変動を経てもこのような関係性が依然として維持され、女性が伝統宗教を支える担い手となる状況を生み出しているのである。

もちろん、先述の通り、農業に従事するものが減少し、生業が変わることで外に働きに出かける男性や女性が増えている。そのため、祖父や祖母が子どもの面倒を見たり、食事の支度を男性がしたりすることも珍しくない。ターン・タムでも食施は女性が担当していたが、その料理を家で作ったのは二〇代の息子という例もある。家庭内の性別役割分業も必ずしも固定的とはいえない。それでもターンにおけるような男女の役割の関係性が維持されているのは、女性に課されるジェンダー規範が、実働性を伴う家事労働だけではなく、道徳的責任を伴う「依存労働」からも構成されているからではないだろうか。

フェミニスト哲学者のキティは『愛の労働』において、これまで正当に価値を認められず、「平等」の範疇から抜け落ちてきた「依存労働」と依存者を包摂したつながりに基づく新たな正義と平等の概念を構築する必要性を唱えている。人は一生のうちで「他者」に依存する時期が必ずあるが、そのような依存者をケアする「依存労働」は重い道徳的責任を伴う上、多くの社会で「女性」化されており、それがなければ社会は成り立たないにもかかわらず「社会的価値を生まない関係」（岡野 二〇一一：三九）とされてきた。これについて、キティは「私たちはみな誰かのおかあさんの子ども」というメタファーを用いて新たな平等概念を提起するのである（キティ 二〇一〇）。

キティが論じる「依存労働」は主にケア労働を対象としている。一方で、本章の目的はタイ族社会の具体的なケア労働を論じることではない。しかしながら、「依存労働」において「愛情や配慮からなる絆が依存労働者とケアの受け手を結びつけている」（キティ 二〇一〇：一三〇）ように、タイ族女性のターンに見られる「家族の成長や健康を見守り支えること」という道徳的責任は「誰かのおかあさんであれ」という社会的要請に答えたものと考えることが可能であろう。

B村においては、月の満ち欠けにあわせて毎月二度、早朝に寺院に出向くタイ族女性の姿が見られる。新月と満月、いわゆる「ルンラップ（月が閉じる）」「ルンビン（月が輝く）」と呼ばれる日である。[*12] その日、女性は竹で編まれたカゴに家族全員の服を入れて持っていき、礼拝し、住職に経を上げてもらいヤッナムを行う。先のGの母親である五〇代の女性は結婚後まもなくしてこれを始めた。なぜなら、結婚してすぐ分家したため他に行ってくれる人（母親）がいなかったからである。この女性の姉の家庭の場合、結婚後ずっと両親と暮らしていたため、長らく同居の母親がこの行為を担っていた。このように「誰かのおかあさんであれ」という社会的要請の反復的プロセスを通して、「誰かのおかあさん」は上から下の世代へとつながっていくのである。

「依存労働」がこれまで正当な評価を受けなかったように「家族の成長や健康を見守り支える」ことを目的とした宗教実践には差別と抑圧のジェンダーが見られる。それは、出家中心主義、あるいは仏教イデオロギーに基づき、女性の積徳行為と解釈されてきたのである。実際のところ、このような被抑圧的な女性の実践がターンのような現実の宗教実践を支えてきたことは、本章の考察からも否定できない事実である。

筆者にはかつて、B村に「メーリン（第二の母）」がいた。二〇一二年に亡くなってしまったその「おかあさん」とは二〇〇三年の調査の中で知り合った。「おかあさん」は日本という遠方から来た筆者を受け入れ、「メーリン」の契りを交わしてくれた。筆者が日本に帰る時、いつも、筆者の旅の安全のための祈りを唱え、スーファンをしてくれた。亡くなる前にも、日本にいる私のことを心配してくれたという。現在、その「おかあさん」の娘が私を心配してくれる。私は今「おかあさん」のひ孫の「メーリン」である。

筆者はこの「おかあさん」を思い出す時、仏教イデオロギーに基づく女性の「役割」という側面からのみ「おかあさん」の宗教実践のすべてを語ることはできないと感じる。

岡野は「依存的な存在であること、それゆえ、他者のケアを必ず必要とすること」(岡野 二〇一二:二二二)という人間の条件から、新しい共同体を想像することを模索する。「誰かのおかあさんであれ」という社会的要請を受けるタイ族女性たちも「他者」の中に生まれ、他者との関係性の中で自己を構築し、「自らのなかに避けがたく含まれている社会規範や他者とともに、責任を果たすよう求められている」(岡野 二〇一二:三五八)。私的な積徳行為としてのみ評価されがちなタイ族女性たちの宗教実践も、「家族の成長や健康を見守り支える」という側面を通じて他者と関係性の網の目の中に組み込まれており、それゆえに当地における宗教実践の変革の可能性をもたらす。

道徳的責任の所在という地平に立ち宗教実践を見た時、信仰とジェンダーの新たな次元が見出せると考える。

7　おわりに

本章では、シーサンパンナのタイ族を事例として、ターンという上座仏教の宗教実践に見られるジェンダーについて考察を行った。

そこには、現代中国の経済発展に伴いタイ族社会の出家慣行が形骸化し、仏教儀礼に参加する男性も激減する中、従来、出家中心主義においては宗教実践の周縁におかれてきたタイ族女性が、仏教儀礼の重要な担い手として、また、宗教実践の中心的存在として再生産される構図が見出される。タイ族女性を仏教儀礼へと動員するのは、家庭や子どもに対する女性（母親）の道徳的責任という性差別の構造であり、男性が出家行動から離脱する中で、家庭内という「私的領域」においては、なお旧来の出家中心主義を支えてきたジェンダー規範が影響を及ぼしているのである。

しかしながら、そのようなジェンダー規範が性差別構造を持つとしても、誰かが担うべき、あるいは誰もが生きる上で必要とする精神的支えを含めた「依存労働」の担い手となっているがゆえに、タイ族女性は信仰を必要とする、いいかえれば、伝統宗教にとどまるのだともいえる。そして、それが結果として女性中心の仏教儀礼という既存のジェンダーヒエラルキーを逆転させるような力を生んでいるのである。

謝辞

本章の調査の一部は上廣倫理財団の研究助成（平成二六年度、二七年度）を受けたものである。ここに感謝の意を表す。

注

＊1　川橋は、ジェンダーとは、単一的な「女性の視点」を超えて、さまざまな差別と抑圧の経験の中の差異に敏感である視点を意味すると述べる（川橋 二〇一二：二〇）。

＊2　徳宏タイ族ジンポー族自治州のタイ族においては、剃髪し、寺院内に居住する女性修行者が報告されている（長谷川・小島 二〇一一：三七一）。同じように上座仏教を信仰しながらも、シーサンパンナと徳宏のタイ族とでは文化や習慣においても異なる点が多く見られる。本章で論じるタイ族とは、シーサンパンナのタイ族（Tai Lue）を指す。

＊3　加治によれば、タイ族においては「宇宙は西方の極楽世界ないし西天仏国、人間世界、地獄世界の三つの世界から成り立ち、ターンを行わない者は地獄で苦役や刑罰を受け」、「来世における福を願って行うだけでなく、現世にあって災難を避け、福を招きよせる目的でも行われている」と考えられているという（加治 一九八八：六四—六五）。

＊4　上座仏教における女性と仏教イデオロギーに関する議論については、高橋（二〇一一：四二一—四二四）、飯國（二〇一一：三五—四七）に詳しい。

＊5　章立明は、ターンへのタイ族女性の積極的な参与は、不平等なジェンダーシステム、いいかえれば出家中心主義に基づく男性優位の社会構造や女性の不浄感などの社会規範に対する抵抗の手段であると指摘する（章 二〇〇三、二〇一一）。

＊6　本章では文献資料に加えて、二〇一四年八月末から九月中旬、二〇一五年三月初旬から末、二〇一五年八

月末から九月初旬、二〇一六年三月初旬から下旬にかけて行った四回にわたる現地での参与観察、聞取調査によって得た一次資料を主に使用している。

＊7　村において、結婚して子どものいない夫婦はいないという。子どもが生まれなければ養子をもらう。調査によれば、B村では三組の夫婦が養子をとっている。

＊8　本章においては、便宜上、四〇歳前後から五〇代を中年、六〇代以降を年配と呼ぶこととする。

＊9　東北タイにおける女性の宗教実践について考察する加藤は、男性と女性の宗教実践に対する異なる態度について、「出家慣行がない女性は、人生の一時を出家して修行に専念する男性と異なり、年配となるまで宗教実践に傾倒した生活をする機会がほとんどない。そのため仏日の持戒行が、女性にとって家族や自宅から離れて宗教実践に専念して過ごす初めての経験となる」と指摘している（加藤 二〇一〇：一五七）。

＊10　八月三〇日の事例においては、雲南民族出版社から出版された西双版納傣族自治州人民政府編『赶塔南』が誦読された。

＊11　ミャンマーの宗教活動におけるジェンダーについて考察する飯國は、世帯単位の宗教的責務を家事を担当する女性か隠居した年配女性が担っていると述べ、このような行為によって得られる功徳がその本人の意思によって他者へと転送可能であることを指摘している（飯國 二〇一一：一三三）。

＊12　林によれば、タイでは新月と満月で月に二度巡ってくる仏日には、多くの女性がおこもりや瞑想修行に参加するという（林 二〇一一：六）。

参考文献

飯國有佳子　二〇一〇『ミャンマーの女性修行者ティーラシン――出家と在家のはざまを生きる人々』風響社。
飯國有佳子　二〇一一『現代ビルマにおける宗教的実践とジェンダー』風響社。
磯部美里　二〇一一「産褥期の食物禁忌からみる身体管理――中国・西双版納タイ族を事例として」『多元文化』

第一一号、一一七―一三一頁。
岡野八代　二〇一一「ケア、平等、そして正義をめぐって――哲学的伝統に対するキティの挑戦」エヴァ・フェダー・キティ／岡野八代／牟田和恵『ケアの倫理学からはじめる正義論』白澤社、一三―四二頁。
岡野八代　二〇一二『フェミニズムの政治学――ケアの倫理をグローバル社会へ』みすず書房。
加治明　一九八八「雲南傣族の上座部仏教――西双納地域を中心に」『東洋研究』八五号、四七―七五頁。
加藤眞理子　二〇一〇「東北タイ農村における識字女性の宗教実践――持戒行の事例からの考察」『アジア・アフリカ言語文化研究』七九号、一四五―一七一頁。
川橋範子　二〇一二『妻帯仏教の民族誌――ジェンダー宗教学からのアプローチ』人文書院。
キティ、エヴァ・フェダー　二〇一〇『愛の労働あるいは依存とケアの正義論』岡野八代・牟田和恵訳、白澤社。
高橋美和　二〇一一「女性と仏教寺院」奈良康明・下田正弘編集委員、林行夫編集協力『新アジア仏教史四　スリランカ・東南アジア――静と動の仏教』校成出版社、四一五―四四九頁。
長谷川清　二〇〇一「文化再興とエスニシティ――シプソンパンナー、タイ・ルーの事例から」『国立民族学博物館調査報告』二〇巻、二七七―三〇三頁。
長谷川清　二〇一三「上座仏教の断絶と復興をめぐる時空間マッピングの課題――中国雲南省・シーサンパンナの寺院と止住者のデータ分析を中心に」『宗教と地域の時空間マッピング　ニューズレター』第七号、七―二〇頁。
長谷川清・小島敬裕　二〇一一「西南中国におけるパーリ仏教」奈良康明・下田正弘編集委員、林行夫編集協力『新アジア仏教史四　スリランカ・東南アジア――静と動の仏教』校成出版社、三二三―三八一頁。
林行夫　一九八六「タイ仏教における女性の宗教的位相についての一考察」『龍谷大学社会学論集』七、一〇三―一二六頁。
林行夫　二〇〇〇『ラオ人社会の宗教と文化変容――東北タイの地域・宗教社会誌』京都大学学術出版会。

林行夫　二〇一一「東南アジア大陸部地域における『タイ仏教』——現代アジア仏教の理解にむけて」『龍谷大学アジア仏教文化センター　ワーキングペーパー』一〇‐〇六（二〇一一年一月三一日）。

Jia, Jinhua, Xiaofei Kang and Ping Yao 2014. *Gendering Chinese Religion: Subject, Identity, and Body*. New York: State University of New York Press.

Kirsch, A. Thomas 1975. Economy, Polity, and Religion in Thailand. In G. William Skinner and A. Thomas Kirsch (eds.), *Change and Persistence in Thai Society*. Ithaca: Cornell University Press, pp.172-196.

曹成章　二〇〇六『傣族村社文化研究』中央民族大学出版社。

郭山　二〇一二『傣族生育文化研究』雲南大学出版社。

馬亜萍・張彦珍　二〇一五「『社会』性別視域下的国内宗教与女性研究」『山東女子学院学報』第四期、六—一三頁。

婉娜・李錦　一九九五「孔雀之郷傣族女——記雲南傣族婦女」雲南省婦女運動史編纂委員会『雲峰巾幗譜新章』雲南人民出版社、六五—七四頁。

伍琼華　二〇〇四「宗教生活中的傣族婦女角色」楊国才編『女性学学科建設与少数民族婦女問題研究』三三五—三四六頁。

雲南省民族文化研究所　一九九二『西双版納傣族的歴史与文化』雲南民族出版社。

章立明　二〇〇三「西双版納上座部仏教的社会性別分析」『佛学研究』一八一—一八七頁。

章立明　二〇一一『結構与行動——西双版納傣泐家庭婚姻的社会性別分析』人民出版社。

第6章

信じること、あてにすること

インドにおける不妊女性の宗教実践の選択

松尾瑞穂

1　はじめに

人が生きる過程で不可避に生み出される苦／苦悩への対処において、宗教が大きな役割を果たしていることは間違いない。生病老死さまざまな苦悩からの脱却を求めて、人は神や仏、祖霊、精霊……に祈り、捧げものをし、儀礼をする。また、宗教的言説——原罪、因果応報、カルマ、呪い、タブーなど——は、そもそもなぜ苦悩が生じたのかという原因や、ほかでもないこの「私」がなぜ苦悩を経験するのかについての理由を説明づける、「物語」としても機能する（cf.エヴァンズ＝プリチャード二〇〇一）。

苦悩に対するさまざまな物語が生成し、それが意味をなす際に、人々にとって重要となるのは、それが信じられるものであるのか、ということである。また、その信念に基づいた一連の宗教的実践が、苦悩からの脱却を導くのか、すなわち、即物的なことばを使うならば、「効果」があるのか否か、ということである。だが、それぞれに異なる複数の信念と、それに結びつけられた複数の実践的対処法が並存する中で、何が信じられ、効果があると見なされるのかは、個人の主体的な選択と実践によると同時に、社会的に規定されてもいる。それは決して個人の自由な選択に全面的に委ねられているわけでも、あるいは、逆に完全に社会によって規定され構造化されているわけでもない。

本章で論じる、インド社会における不妊という苦悩を解決するために人々が行う実践とは、重い病や慢性病、痛みを持つ患者の場合などと同様に、複数の信念と実践を天秤にかけつつ、不確実性の中で、それらのあいだをさまよいながら、より良き生を求めて何かを選択＝賭けをすることである。[*1] 女性は病院で検査を受け、薬を摂取しつつ、霊媒師のところで託宣を得て女神儀礼をしたり、聖者の恩寵を得るべく何百キロも離れた廟を訪れたりする一方で、夫は若い女性との複婚を画策する……。杉島は、そうした互いに整合せず、両立しえない「規則—信念」が複数並存しながら、同時進行的に作用する状態を「複ゲーム状況」と呼ぶ（杉島 二〇一四）。複ゲーム状況は、いわゆるシンクレティズムや異種混淆とは異なり、異なる出自や経緯の規則—信念が混じり合わずに累積して作用し、重層的なコミュニケーションが並存、交錯する中を、多数の不定見者（どっちつかずのもの）が出入りをくりかえす状況である。不妊への対処も、複ゲーム状況の中で偶発的に選び取られている。

だが、不妊が一般的な病と根本的に異なる点は、それが夫婦というペアの間で生じる問題であるということ、すなわちそもそもの成り立ちとして共同性を帯びているということである。それゆえ、その選択＝賭けには、他者との交渉や権力関係が不可避に内包されている。本章は、西インドの農村社会における不妊にまつわる宗教実践を事例として、社会的にスティグマ化された不妊女性たちが、不妊という社会的苦悩を解決するために複ゲーム状況の中で示す主体的な選択と、その選択に働く社会的要因を明らかにするものである。[*2]

インド女性の主体性

ヒンドゥー女性の宗教実践は、ヴラタなどの誓願儀礼[*3]のように、夫の長命や家の繁栄を願う妻としての女性役目に関わるものが中心となっている。女性は、「良き妻」であることが第一に求められ、女性の主体性と尊厳は、そのジェンダー規範に沿って発動されることが社会的に価値づけられている。それが極端なかたちで現れたのが、サティー（寡婦殉死）とその論争である。

イスラームにおけるヴェール、アフリカの女性性器切除（ＦＧＭ）と並んで、インドのサティーは、ジェンダー・オリエンタリズムの対象となってきた代表的事例だといえる。サティーとは、インドの一部地域の上位カーストの間で行われていた、夫の葬儀に際して、妻が夫の遺体とともに火に身を投じ殉死するというヒンドゥー教徒の行為であり、サティーをした女性は、のちに一族の女神として寺院や祠が建てられ祀られるなど、崇拝の対象となった。そもそもサティーは、主にクシャトリア（王族・戦士）階層の女性が行っていた習慣であり、地理的にも階層的にも限定的なものであったとされる。しかし、一九世紀のイギリス植民地期にはサティーが増加し、特にさかんだったベンガル地方では、一八一五～二八年の一四年間で計八一三五件、もっとも多かった一八一八年には一年で八三九件ものサティーが行われた（Altekar 1956: 139）。

植民地を「文明化」することでその支配を正当化するイギリス政府は、「野蛮な風習」であるサティーを禁止するため、一八二九年にサティー禁止法（Sati Pratha Abolition Act）を施行し、実行しようとした家族や関係者は殺人の幇助者として処罰されることとなった。すなわち、寡婦が亡夫とともに焼死することが、上位ヒンドゥー女性にとっての宗教的、道徳的責務とする宗教的領域から、暴力・殺人という法的領域へと位置づけられることになった。このようなイギリス政府からの禁止に対して、サティーを擁護する人々からは、伝統や宗教への干渉であるとして強い反発を引き起こし、ヒンドゥーの妻に課せられた宗教的奉仕の行為であるサティーを行う権利を求める運動が繰り広げられた。これには、植民地支配下では公的空間でイギリスに従属を強いられるヒンドゥー男性が、私的空間の精神的優越性を主張することで、自らの優越性を保持しようとした際に、女性がヒンドゥーの精神性を体現する存在として象徴化されていった、ということがある。サティー擁護派の主張は、サティーは女性の自発的行為であり、彼女たちにはサティーを行う権利がある、というものであった（田中一九九八、粟屋二〇〇三）。

だが、サティーは、上位カーストの社会では、寡婦は再婚が禁止され、セクシュアリティを管理するため剃髪をし、装飾品や色のついた衣装を剥奪され、生涯を家の中で過ごす生活を余儀なくされるという、現実世界における寡婦の処遇とも切り離して考えることはできない。女児は初潮前に結婚をさせるという幼児婚の習慣があった上、寡婦再婚が禁止されていたバラモン階層では、場合によってはきわめて若いうちに寡婦となり、その後の人生を再婚もできないまま過ごさねばならぬ人が多かった。[*4] したがって、ヒンドゥーの理想化された妻としてサティーを行い、崇拝の対象となる方が、寡婦として生きながらえるよりも名誉ある選択と女性に見なされた可能性もある(Mani 1998)。このように、女性の宗教的実践といった場合、それがいったいどのような文脈での選択なのかという、権力構造を無視するわけにはいかないということを、サティー論争は示している。

北インドの農村で三〇年にわたる社会変化を追う人類学者のワドリーは、『運命と格闘する(*Struggling with Destiny in Karimpur 1925-1984*)』と題した民族誌の中で、運命(*karma*)という概念は、人々にとって自らの境遇を納得させるもっとも強力な物語装置として働いているとする。だが、それは現状を変更する余地がまったくないわけではなく、ヒンドゥー社会では、定められた運命の中で、自身や状況をより良きものへ変えようとする行為主体として「行う/行為する(*kar*)」ことがより重要となるとする(Wadley 1994: 7)。この指摘は、苦悩する女性の行為主体性を過度に強調、称揚するのではなく、関係性の網の目の中で、自らの居場所を求めてもがく、行為者としての女性の姿を捉えるのに適切な視座だと思われる。ヒンドゥー社会において、寡婦と同じくスティグマ化されている不妊女性の選択を考える際には、複数の異なる規則―信念が並存する複ゲーム状況のゲームを成り立たせている強者のルールとその権力構造も見逃すべきではない。その中にあって、さまざまな「規則―信念」を取捨選択、横断しながら、いかに女性たちは主体的に自らの状況に働きかけ、周囲との社会関係を切り結んでいこうとしているのか。この点を踏まえながら、本章では女性たちが自らの苦悩からの脱却を求めて選択する宗教的実践のうち、村で特に見られる実践である女神儀礼、聖者信仰、断食について、それぞれ考察を行う。

2 女性のライフサイクルと不妊

本章は、インド・マハーラーシュトラ州の中西部に位置するムルシ郡農村地域を主な調査地としつつ、補足的にプネー市のデータも用いている。[*5] 人口三万二千人ほどのムルシ郡は、この地域の中心的都市であるプネーからバスで約一時間に位置し、農業や酪農を主体としつつ、近年では進出してきた経済特区内の工場で働く人も増えている。もともと同州は、一六世紀に成立したマラーター王国を王族、武将として支配したマラーターというクシャトリア階層と、同じく王国の宰相（政治家、行政官）、司祭として権益を握ったバラモン階層という、二つの上位カースト集団が、社会的、経済的に優越する社会である。その一方、「不可触民」として抑圧されてきたダリット集団による反カースト運動もさかんで、B・R・アンベードカルに率いられた「不可触民」カーストの仏教への集団改宗が進められた地域でもある。[*6]

まず、簡単にこの地域における不妊[*7]について説明しよう。村の女性たちは、いまの三〇代以上は一五～一八歳で、二〇代の人は二〇歳前後で結婚しており、結婚した後はなるべく早く妊娠、出産することが期待されている。ただし、この一〇年ほどで女子教育熱が高まり、村からもプネーのカレッジへ通う女性は珍しいことではなくなったので、今後は結婚年齢が上がる可能性が高い。最近は村でも恋愛結婚をした夫婦が出てきているが、基本的には家の年配者が決めた相手と、カースト内婚、村外婚という特徴を持ち、女性は夫方の家に婚入する。結婚に際しては、女性側は貴金属や現金、バイクなどの持参財(ダウリ)を用意しなければならず、村でも娘親は親族や銀行から多額のローンを借り入れて対応しており、夫方(wife taker)は妻方(wife giver)に対して常に優位の地位にある。[*8]

村に住む八〇代の女性に、子どもはどうやってできるのかと尋ねると、「男性の精液と女性の血が混じることで、子どもは作られる。月経後一六日間は、子宮の袋の口が開いていて、その間に男性の精液が入ると、子宮の中で女性の血と混じり合うので、子どもができる可能性が高い」という。白い血ともいわれる男性の精液と女性の血が混じることで子どもができるという民俗生殖理論は、男性の種(*bij*)が大地(=子宮)を耕し作物が実る、という農業のメタファーを用いたもう一つの民俗生殖理論とともに、調査地域のみならず、北インドでは広く知られたものである(Fruzzetti and Ostor 1984)。女性の身体は、成長するにつれだんだんと「熱く」なっていき、婚姻適齢期を迎えるころにはその熱がピークに達する。妊娠・出産には適切な「熱さ」が必要であり、不妊の身体は一般に「熱さ」が足りない「冷たい」状態であると見なされる。[*9] 経血は、後述するように「ケガレ」としてさまざまな禁忌がつきまとうが、同時に、生殖という豊穣をもたらす、両義的な意味を持つ。

結婚後二～三年たっても子どもがいない人は、親族や近隣などからさまざまな詮索や批判を受けるが、これが女性にとっては、大きな悩みと心労を引き起こしている。また、単に悩ましいだけではなく、初潮、結婚、出産と女性のライフサイクルが明確に規範化されている村落社会では、子どもがいない既婚女性というのは、どっちつかずの曖昧で不吉な立場におかれている。そのため、不妊女性は、寡婦とともに、妊娠や子どもの誕生に関わる吉祥な儀礼の場などへの参加が制限されるといった行動規制とタブーも存在する。筆者が、気のおけない二〇～三〇代の女性五～六人（子どものいる既婚者）とおしゃべりをしている際に、「寡婦、子どもがいない女性、未婚女性のうち、誰が一番つらいと思うか」と聞いてみると、真っ先に「子どもがいない女性」が挙げられた。もっとも問題とならなかったのは未婚女性であり、彼女がたとえ四〇歳や五〇歳であろうとも、そもそも結婚していない以上、不妊や寡婦というジェンダー化された苦悩の土俵に上がることはないと考えられている。[*10]

不妊女性は儀礼の場からの排除だけにとどまらず、父系の合同家族を基本とする家族内での立場もきわめて不安定なものとなりやすい。新しく婚入してきた女性は、婚家にとって富と豊穣をもたらす女神ラクシュミーや、食事をもたらす女神アンナプルナとして象徴的に見なされるが、その女性が子どもをもたらさないとなると、ひどい場合は「無用な存在」「ただ飯喰い」と非難されることもある。[*11]村では、女性は子どもと男性成員すべてが食べ終わった後に残ったものを食す習慣があり、残らなければ満足に食事を取ることができないこともある。ただでさえ「ただ飯喰い」などと嫌味を言われる不妊女性は、他の成員との兼ね合いでより少なく食べることが期待され、また自身もそのように振る舞うことが多い。

また、最悪の場合は、不妊であることは、離婚や夫がもう一人の妻を娶る複婚を引き起こすことがある。今日ではやや状況は変わりつつあるとはいえ、「パティブラター」として生涯を一人の夫に尽くすことが美徳とされるヒンドゥー女性にとって、離婚は大変な不名誉であり、再婚は容易ではない。そのため、不妊女性の中には、離婚よりも複婚を希望し、積極的に受け入れる場合がある。[*12] この場合、離婚や複婚は、父系合同家族という社会集団からすれば不妊（とくに男児の欠如）を解決する実際的な選択肢ではあるが、女性にとっては婚姻生活を根底から覆すおそれがある、現実的な苦悩となる。

ただ、結婚年齢が低いこともあり、生殖年齢にある若い夫婦の場合は、結婚してすぐに子どもが生まれなくとも、数年後には生まれることも多く、不妊はきわめて可変性の高い過渡的な状態である。すなわち、不妊とはかなりの程度将来の妊娠の可能性も期待できる、不確実性の高いものであり、このこと——解決への希望とその可能性——が、不妊女性たちをあくなき対処実践へと駆り立てる背景となっている。事実、二〇〇五年の調査時点で子どもがいなかった四〇歳以下の女性四七人のうち、翌年には四人がすでに出産をしていた。一〇年といった長いスパンで考えれば、その数はもっと増え、実質的にはその半数ほどは母親になっている。したがって、この一時性は、共同性、不確実性とともに不妊の特徴であるといえるだろう。

3　宗教実践の複数性

それでは、村では不妊の原因はどのように考えられているのだろうか。結婚後数年たっても子どもができないという場合、その理由として村でもっともよく聞かれるのは、以下に示すように、女神サッティ・アスラの怒りや憑依によるという説明である。

女神サッティ・アスラと月経の禁忌

事例一　Aさん（二二歳、マラーター・デーシュムク）

Aは、義理の両親と二人の義兄家族（長男家族は一男一女、次男夫婦は妊娠中）の一〇人からなる合同家族で暮らしている。結婚して四年目。婚家は村で雑貨商を営み、夫はプネー近郊の工場に勤務している。初潮を迎えたころから月経が不定期で、出血量にも差がある。結婚一年後に、月経不順を治すため村の民間病院へ行き、超音波検査などをした。夫も検査を一度受けている。医師にはさらなる検査のためプネーの病院へ行くように勧められたが、夫に行く必要がないと断られたため、行けなかった。

結婚二年目以降、義母に勧められて村の霊媒師のところへ通っている。霊媒師の託宣によれば、女神サッティ・アスラが「困難（*tras*）」を与えていると説明された。それを取り除くため、実家の村にある女神サッティ・アスラの祠で火曜日、金曜日に女神への儀礼をするよう言われ、一ヵ月に一度、時間が許す限り実家に戻ってオッティ・バルネー儀礼と供物の奉納を行ってきた。村の霊媒師以外にも、これまで家族や近隣の人に勧められた七~八人の霊媒師のもとを訪れたり、近隣の女性と誘い合って、聖者の廟へ行き、そこでまじないを受け、三ヵ月分の飲み薬（一〇〇ルピー分）をもらって服用したりしたこともある。

ヒンドゥー教には、ブラフマー、ヴィシュヌ、シヴァの三大神と、その妻であるサラスワーティー、ラクシュミー、パールバティー女神を頂点とする神々のパンテオンがあり、インド各地の地域神であったものも、これらいずれかの神々の化身や配偶神として、大伝統の中に取り込まれている（立川一九九〇）。これら大伝統の神々を祀るのは、バラモンの司祭である。その一方で、これらの正統ヒンドゥー教のパンテオンには属さない、民間信仰の対象となる多種多様な神格や精霊も存在する。

水の神（*jal dēvta*）とされ、川、池、井戸、水田の近くに祀られる女神サッティ・アスラは、典型的な民俗神である（Feldhaus 1995）。この女神は、七人姉妹の集合体として理解されており、鎮座する場（*sthān*）は、通常は朱色に塗った七つの石で表象される。民俗神であるため、サッティ・アスラには寺院があるわけでも、司祭がいるわけでも、起源譚（*mahātmya*）があるわけでもなく、せいぜい祠が建てられるか、石が並べられているだけである。不妊の女性は、しばしば「サッティ・アスラにつかまった」と言われており、女神につかまっている限りは子どもができないと人々のあいだでは信じられている。

その原因は、常にヒンドゥー社会でよく見られる月経の禁忌の侵犯に求められる。月経血は、産褥血と並んで「ケガレ（*viṭāḷa*）」であり、女性は、月経中は料理、沐浴、性交渉などの日常行為のほか、特に儀礼や祭礼への参加、寺院への立ち入り、参拝などの宗教的行為が厳しく禁じられる。台所に入らず、部屋の隅の方に座っていることから、月経中の行動規制は「隅に座る」と隠喩的にいわれている。特に月経時の宗教的行為に対するタブー観はきわめて強いため、重要な儀礼や祭礼と月経の期間が重なるとあらかじめ分かっている場合は、月経を遅らせるためにピルを服用するほどである。だが、どれだけ注意を払っていても、とくに少女で何も分からないうちは、この禁忌を自覚なく破っている場合があり、それが後に不妊という結果として現れるとされる。中でも女神サッティ・アスラが鎮座する場は、川や水田、井戸など一般に気がつきにくい場所にあり、うっかり月経中に近づいてしまう危険がきわめて高いのである。

これらは、村の霊媒師（*bhagat*）のもとを訪れると、憑依した霊媒師から告げられるもっとも一般的な説明である。霊媒師は、満月と新月の日に民俗神である神格が憑依し、質問や問題に対して返答（託宣）を与える存在である。女性たちは、女神と関係づけられた火曜日に、サッティ・アスラの祠へ食事や果物、花などの捧げものを奉納し、オッティ・バルネー（子宮を満たす）と呼ばれる女性だけの儀礼を行い、女神の怒りを解いてもらうよう尽力する必要がある。そのため、霊媒師の託宣を得た女性たちは、もとの原因を作り出した（とされる）実家の村の女神の祠で、儀礼をしなければならない。Aが、毎月のように実家に戻り儀礼をしていたのは、そのためである。
宗教的行為は、それが「信じられ」、かつ「効果がある」と見なされる場合に、よりいっそうの熱心さを持って実践されることはいうまでもない。霊媒師のもとを訪れ、女神サッティ・アスラという原因を突き止め、それを解決するための儀礼を遂行するという一連の行為は、村の女性にとっては親和性が高く、本当に効果があるのかが当事者にとっては不確実の場合であっても、とりあえずやってみるという態度で試されている。調査対象者六〇人のうち、約半数にあたる二九人は、女神儀礼を実践したことがあった。女神儀礼自体は、供物を用意し奉納する程度で、元手もそれほどかからず、手軽にできるものである。また、実家から離れて婚家で暮らす女性にとっては、儀礼という名目で堂々と実家に戻ることができる機会でもある。村では、初めての出産に際して、女性は久しぶりに実家に戻り、長い期間を過ごす習慣があるが、子どもがいない女性にとっては、治療にまつわる実践が、部分的にはその代替となっており、かなりの頻度で実家に戻っている女性は多い。

事例二　Bさん（三五歳、マラーター・クンビ）

Bは結婚して一〇年以上たってから二人の子どもに恵まれた。Bは、実家の村の霊媒師に導かれ、女神儀礼を行ったことで子どもが授かったのだと信じている。だが、子どもが生まれた今でも、義母とはほとんど口を聞いていないという。子どもができなかったころに、義母はよく夫に向かって「いつまで待つのか。早く他の人と結婚をしなさい」と言っており、Bには「身体だけは無駄に丈夫だ。(子どもも産んでいないのに)何のために食べているのか」と嫌みを言っていたという。Bには「その言葉は今でも忘れることはできない」こととして記憶されている。また、子どもを授かるまでに訪れた霊媒師や儀礼にかかった費用はすべて実家が出してくれ、「婚家は一パイサも出してくれなかった」ことも、Bにとっては、わだかまりの一つとなっている。

Bの事例で見るように、婚家における娘の地位の保全のために、女性の生家の社会関係は、不妊の解決により積極的、介入的である。この実家の支援を当てにできるかどうかが、女性にとっては重要な意味を持っており、「より効果がある」と思われる情報や社会的ネットワークも、生家の親族を通してもたらされることが多い。また、金銭的援助も日常的に見られる。このように、父系制社会における婚出した娘と生家とのつながりは、社会構造に埋め込まれたルール(規則)というよりは、より日常的な交渉と実践の上に成り立っている。

一方で、女神儀礼に対して距離をおき、信頼を抱くことができない、という人たちもいる。

事例三　Cさん（二五歳、新仏教徒）

Cは夫の両親と未婚の義弟二人の六人で暮らしている。結婚して四年目で、五年生まで学校に通ったことがある。結婚二年後に、実家の病院へ行き、超音波検査をした。月経が不定期で今でも二～三ヵ月来ないということがあり、そこで月経を安定化させるための薬を一五日分もらった。これまで実家から勧められ、五～六人の医師のところへ行ったことがある。また、夫は健康診断で一度検査をしたことがあるが、特に問題はないといわれている。これまで宗教的対処法はほとんどしておらず、霊媒師やヒンドゥー聖者のところへも行ったことはない。新仏教徒として村で政治活動をする婚家では、「ヒンドゥー儀礼や祭礼はいっさい認められていない」ため、サッティ・アスラ女神の儀礼も実践することは許されていない。「迷信行為に対して、信念（*bisvās*）はない」という。唯一、病院以外の試みとしては、昨年から毎週火曜日に断食をしていたが、一年続けたところで中断した。

この地域では、マハールをはじめとするもと「不可触民」の多くは、今では仏教へ改宗し、村でも仏教寺院の設立や、アンベードカル聖誕祭の祝いなど、活動はさかんである。Cの婚家は、バフジャン・サマージ党（BSP）というダリットを中心とする政党の地域支部を支援している活動家であるということもあり、ヒンドゥー儀礼を実施することが難しいということがある。実際には、ヒンドゥー教の聖地や聖者廟でも、ムスリムや改宗仏教徒などヒンドゥー以外の参拝者や巡礼者も普通にやってきて、一般的には「効果がある」と見なされる聖者廟には、宗教や宗派の違いを超え、現世利益を求めて多くの人が集う。また、村には、新仏教徒であっても霊媒師として活動する女性もおり、現実的には新仏教徒のあいだでもヒンドゥー的な実践は大いに行われている。だが、少なくともCにとっては、霊媒師のもとへ通い女神へ奉納儀礼をするという行為は、家族の容認は得られず、アクセスが可能な信頼できる不妊への対処策とは見なされていない。

女神サッティ・アスラの憑依によって不妊が引き起こされるという「物語」が成立するためには、女神サッティ・アスラ、そのエイジェントとしての霊媒師、さらには月経の禁忌という三者に対する信念、あるいは少なくとも文化的な受容があることが前提となる。それらを共有できない（しない）新仏教徒と同様に、女神サッティ・アスラに対してほとんど情報を持っていないのが、バラモン階層の人たちである。村のバラモン家族は、基本的に畑仕事には従事せず、教員や司祭を主な職業とするほか、雑貨店や新聞の代理店などを営む人もいる。民俗神であるサッティ・アスラへの信仰は身近なものではなく、またバラモン女性が、主として低カーストや指定部族である霊媒師のところへ行くということも考えにくい。このように、新仏教徒やバラモンの女性にとっては、女神サッティ・アスラへの儀礼は、不妊の解決に「あて」になる実践とは見なしにくいものである。前者にとっては反ヒンドゥー、反カーストを掲げる新仏教徒のアイデンティティ・ポリティクスに関わる政治的な理由があり、後者にとっては大伝統と小伝統というヒンドゥー教にまつわる文化的な親和性の問題がある。

聖者の恩寵と妊娠の模倣

村では、霊媒師のもとを訪れ、憑依儀礼を通して託宣を得る以外に、グルやマハラージと呼ばれる聖者の廟や寺院へ赴き、彼ら／彼女らの恩寵を求めることも、よく行われる対処法である。インド社会では、聖者は説話や宗教的講話をするほかに、病気を治す、奇跡を起こす、癒すなどの特別な力があると信じられ、幅広い人気を集めている。たとえば、一九世紀半ばから二一世紀にかけてマハーラーシュトラ州シルディ村に居したサーイ・バーバは、死去した後も篤い信仰を集めているし、抱擁することで人を癒す霊的力があるとされる、「アンマ（母）」と呼ばれるマーター・アムリターナンダマーイーは、世界中に信徒を持っている。

村の子どもがいない夫婦の間で、九〇年代後半によく知られていた聖者に、「グジャラートの母」と呼ばれる女性がいる。村の人たちは、かつては近隣に住む子どもがいない人同士で誘い合ってジープなどを借り、母の廟があるグジャラート州まで訪れていたという。この聖者は、特に何をするというわけではないが、不思議な力があると信じられ、女性が横たわると、手のひらで腹部をなでてくれる。その際に、「母」からは月経の禁忌を行動せず、あたかも本当に妊娠したかのように振る舞うことを言いつけられる。前述の通り、村では月経は、ケガレ観に基づいてタブーが可視化されており、女性たちは台所にも入らず、料理も作らないといった、「隅に座る」と呼ばれる一定の規範化された振る舞いを作り出している。だが、「母」はそれを全てやめるようにと教えるのだという。

事例四　Dさん（四〇歳前後、ダンガル）

Dは結婚して約二一年で、現在は夫と二人暮らしである。D夫婦は結婚一二～一三年目に二～三度グジャラート州にいた「グジャラートの母」のところへ行ったことがある。そして教え通りに、帰ってきてからはたとえ月経の時でも、いつもの隔離を実施せず、あたかも月経が止まり妊娠したかのように振る舞った。そして、妊娠を模倣して七ヵ月目には、ドハール・ジェワン（*dohāle jevan*）という妊婦のための祝いの行事を実家で行い、村に帰ってきてからは近隣の人々に食事を振る舞ったり、贈り物を交換したりした。しかし、このような振る舞いを一年近く続けても「効果はなく」、妊娠しなかったために最終的には止めてしまった。近隣の人には、赤ん坊は流産してしまったと説明した。

事例五　Eさん（三八歳、指定部族*13）

Eは、夫と二人暮らし。一七歳で結婚し、現在二一年目である。学校教育は二年生まで受けた。結婚三年後に、不妊への対処を開始した。ナラヤン・マハラージという聖者と、霊媒師のところへ同時期に並行して通っていた。聖者に言われ、連続する二一回の木曜日に断食を敢行したが、途中で月経期間にあたり中断してしまった。結婚六年目に病院治療を開始した。はじめからプネー市内の公立総合病院へ行き、夫が精子を増やすための薬を七ヵ月ほど飲んでいたが変化はなく、病院は三年通ってやめてしまった。結婚一三年目に、「グジャラートの母」と呼ばれた聖者のもとを夫婦で二度訪れ、指示されたとおり六ヵ月ほど妊娠の模倣を実施した。

このような妊娠の模倣を行った人は、ほかにも多数存在するが、大半は月経のケガレとされる状態で、儀礼に参加したり、神像に触れたりすることが恐ろしくなって続けられず、すぐにやめてしまったという。DやEがなぜ数ヵ月から一年ものあいだ続けることができたかには、ひとまず次のような理由が考えられる。彼らは夫婦二人だけで住んでおり、複数世代が同居する合同家族のように年長者がおらず、ケガレに関わる行為に反対する人がいなかったため、彼女たちが柔軟に実践できる余地があったことや、[*14]ダンガル（牧畜民）や指定部族は、ヒンドゥーの上位カーストに比べると浄不浄の観念や女性のセクシュアリティ規範が緩やかであり、月経の禁忌も厳密なものではないこと（Kumar 2006）、などである。

ヒンドゥーの中～上位カーストの女性たちは、「グジャラートの母」の言いつけと村落の社会規範とを比較した結果、月経の隔離を実施しないというタブーの侵犯の方をより畏れたわけである。彼女たちにとっては、「グジャラートの母」の命令は、あまりにリスクが大きすぎる賭けだったのだ。このように、特定の聖者のもとへ行く、という選択肢自体は同様に開かれていても、実際にその教えを実行することができるか否かは、当人の意思や主体性のみならず、それぞれの文化的、社会的背景によっても異なっている。さらにいえば、家族の中でも、世代によって妊娠、出産という結果をめぐる説明づけは違うことがあり、一概に決めつけることはできない。

事例六　Fさん（三〇歳、バラモン）と義母

Fは結婚後六年たっても子どもができず、これまで三つ病院を変え、一〇回人工授精を行った末に、二九歳で妊娠、出産した。同居する義母は、息子夫婦が病院治療を続けていたことは知りつつも、病院ではなくカルナータカ州にあるX寺院の聖者（グル）のおかげで妊娠できたと信じている。F夫婦はマハーラーシュトラ州から三日かけて参拝に出かけ、帰ってきてからまもなく妊娠したのだという。義母は、もちろん病院治療は「効果（*upayog*）があった」が、それはあくまでもきっかけにすぎず、聖なる恩寵のおかげで妊娠が可能となったのだ、という。Fがこれまで一〇回も人工授精にのぞんだことや、二九歳という彼女の年齢を考えれば、遅かれ早かれFが妊娠する可能性は高かっただろうと思われるが、義母は病院治療よりも宗教的な効能の方に強い信念と感謝の気持ちを抱いていた。

その一方で、Fの方は、「寺院への参拝の後に妊娠したのは偶然」であり、「やはり知人に勧められた医師に変えたことが大きかった」という。筆者が「病院の方を信じているということか」と聞くと、「だって、結果が得られたでしょう」と答えた。

断続的とはいえ数年にわたって治療を受けてきたFにとっては、子どもは毎月のホルモン注射や排卵日の人工授精に費やしてきた努力や、また、知人に勧められた評判の良い医師との出会いの賜物であり、X寺院への参拝は、義母に強く勧められて行ったに過ぎず、重要な意味づけはなされていない。ところが、日頃からX寺院の聖者に帰依する義母にとっては、参拝後の妊娠こそが恩寵のしるしなのであり、彼女の信念をいっそう強化する出来事となっている。両者の間のずれは、特に修正や調整をされることなく、並存状態にある。このような些細な違いは、日常世界においては当然といえば当然であるが、これまでの人類学の民族誌ではある種の偏差として十分には捉え切れてこなかったものだといえる。だが、苦悩の解決を目指す選択実践は、このような揺れやズレを含んだいくつもの断片から成り立っているのである。

ここまで論じてきた女神サッティ・アスラと聖者「グジャラートの母」の事例からは、特定の規則―信念に支えられたそれぞれの対処実践が、村のすべての不妊女性にとって等しくアクセスが可能だというわけではなく、選択に際してはそれぞれの規則―信念を信頼できるかどうか、あてにできるかどうか、ということが大きな影響を与えていることが明らかとなった。それに対して、次節で取り上げるのは、カーストや宗教という社会的属性にかかわらず、ほぼすべての人に対して開かれている、断食（*upvas*）という実践である。

4 断食のポリティクス

インド社会における断食の意味

断食は、不妊女性などの苦悩からの解放を願う受苦者に限らず、インド社会ではごく一般的に行われている宗教行為である。通常は、暦にあわせて、満月、新月、エカダシ[*15]（黒分／白分の一一日目）、チャトゥルティー（満月から四日目）などの定められた日や、信仰する神格に関係づけられた曜日、祭礼日には、①いっさいの食事をしない、②肉食をしない、③日常的に食している食物摂取を制限する、などの幅広い「断食」を行うことで、身体の浄性を保とうとするものである。断食は、自分の唾さえも飲み込んではいけないという非常に厳格なものから、普段の食事ではなく、断食日にも許された特別な食事を食べるという緩やかなものまで、その実践は多様である。プネー市のバラモン女性三〇〇人を対象とした調査によれば、断食を月に一度以上行う人は三二％、祭礼や儀礼などの行事に応じて行う人は二七・三三％、週に一度行う人が二三・六七％、まったく行わない人はわずか九％だという結果があり、三人に一人は少なくとも毎月断食を行っている（Renavikar 2003: 232）。

こうした、生活に埋め込まれたより日常的な断食に対して、インドの宗教伝統においては、戒行の一環として、食の摂取を徐々に減らしながら身体機能を自ら止め、死に至る断食法が知られている。

この行為はサマーディと呼ばれ、徳の高い聖者の行為として高く崇拝されている。こうした断食の伝統と断食が持つ世俗を超えた聖なる力は、しばしば政治手法としても用いられてきた。もっとも著名な例としては、イギリスの植民地支配からの民族独立を目指したM・K・ガーンディーが、独立闘争運動の中で、一八回もの政治的断食を敢行したことがある。それゆえ、ガーンディーは単なる政治家を超えた聖人としてのパワーと崇拝を大衆から集めることとなった。以後、今日に至るまで、インド政治において断食はしばしば有効な政治的手段であり続けている。

交渉としての断食

不妊女性が行う断食は、月に一～二度行う通常のものとは異なり、「ソラ・ソムワーリ・ウプワース」（連続する一六回の月曜日に二四時間断食）や「エカダシ・ヴラタ・ウプワース」（エカダシの日に二四時間断食）など、各自が帰依する特定の神格に結びつけられた連続する曜日や日にちに、子どもに恵まれることを祈願して完全に食事を断つというものである。加護を求め帰依する神が多ければ、一日ではなく複数日断食をすることになる。

事例七　Gさん（三〇歳、マラーター・クンビ）

結婚一一年目になるGは、父方オバ（*attya*）の息子にあたる夫のもとへ嫁ぎ、義理の両親と夫の兄弟家族の二一人からなる父系合同家族で暮らしている。夫婦の婚姻はクンビの間ではしばしば見られるMBD（母方オジの娘）婚であり、義母は父の姉妹にあたる近しい存在である。だが、義母は「姪だから家においている。そうでなければ、子ども産めないのになぜ食べさせないといけないのだ」と文句を言うことがある。Gは、この二年間、月曜日（シヴァ神）、火曜日（女神）、木曜日（ダッタ神）の週三度断食を行っているという。Gは「子どもを祈願して、自分で断食をすることを決めている。断食は個人的なことで、誰も強制することはありません」という。

断食は、ただ食事を取らないということであり、数ある宗教実践の中で、始めるのがもっとも手軽で、元手がかからないものである。実際は、誓いを立て、その誓いの証として厳しい断食を継続して実施するということは、簡単にできることではないのだが、しかし、行為としては費用も時間もかからず、たった一人ですることができるものである。インド社会における断食そのものの普遍性に加えて、この「掛け金」の低さが断食の特徴である。

ややうがった見方をするならば、断食が持つ効能は次のように考えることが可能ではないだろうか。まず、インド社会で断食は明確に宗教的に価値づけられており、断食をして自らの身体をコントロールできるということは、行為者の意思の強さと浄性を示すものであるため、女性自身にとっての自尊心や誇りに関わるものである。婚家の他の誰もまねできないような厳しい断食に耐えられるということが、Gに一種の聖性や強さを付与するのであり、彼女の価値を高めることにつながっている。

もう一つは、より現実的な問題として、合同家族内での資源（食料）の分配という問題がある。子どもを産んでいない女性は、日々の食事でより少なく食べることが期待され、また自分でも引け目を感じざるをえない状況にある。日常的によく聞かれるマラーティー語の「サンバルネ（*sānbhalne*）」という言葉は、子や妻の扶養を表す語彙である。たとえば結婚式では、女性の母親や親族が夫の親族に向かって、「私たちの娘をどうかお世話ください（*chan sānbhala*）」と涙ながらに頼む姿が目立つ。ただでさえ若い嫁である女性は、婚家において不安定で弱い立場にあり、通常は子ども（特に息子）を産むことによって、母としてその地位を安定化させていく。そのため、子どもを産んでいない女性は、たとえ家事労働や田畑での重労働を担っていても、婚家から無用な成員だと見なされることがあり、その際にしばしば当てこすりのように使われる決まり文句が、「なぜ無駄に世話しなければならないのだろう！（*kashala sānbhalayche*）」という言葉である。

こうしたプレッシャーを日常的に受けている中で、断食は自他ともに少なく食べることを正当化し、美化する根拠となっている可能性がある。断食を行っている女性たちの誰一人として、婚家で断食を強制されているなどと答えることはない。断食という行為はあくまでも、神と自己との間の取り決めであり、きわめて個人的な行為だとされているからである。しかし、断食という行為を通して、Gが婚家で抱える葛藤の収束をはかろうと試みているとするならば、断食はたった一人で行う宗教実践でありながら、周囲との関係性に働きかける、きわめてポリティカルな試みだということもできるだろう。

5　おわりに

以上、本章ではインド・マハーラーシュトラ州の村落において、不妊を解決するための主要な宗教実践である女神サッティ・アスラ信仰とその儀礼、聖者廟の参拝と妊娠の模倣、そして断食をめぐる不妊女性の関わりを明らかにしてきた。女性たちは、互いに相容れない複数の規則―信念を同時に、あるいは時間をおいて渡り歩いており、場合によっては手当たり次第にさまざまな対処法を試みている。それはまた、婚姻年数や、自由になる金銭的余裕の有無といった外部要素によっても変化するものであり、一つ一つの選択は、常に可変的で一時的なものとなる。

だが、同時に、本章で見てきたように、女性の主体的選択と思われるものも、その選択を可能にするためのそもそもの前提として、特定の行為が信頼でき、あてになるものなのかを担保する判断は、社会的な要因――たとえばカーストや宗教――や、周囲との関係性によって意味づけられ、方向づけられている。すなわち、その選択は常に社会的なものである。特に、不妊女性にとっての宗教実践とは、他者との関係性の上に成り立っている。

女神サッティ・アスラ儀礼の場合は、子ども時代の月経の禁忌の侵犯という共有された「物語」があるからこそ、女性は頻繁に生家に戻り、そこでの家族・親族ネットワークに頼ることが可能となっている。そして、それは、不妊は女性に原因があると見なす村のジェンダー規範に抵触しないものであるがゆえに、婚家との間に不必要な葛藤を生じさせる恐れも少ない。

聖者「グジャラートの母」の場合は、どうだろうか。こちらは女神サッティ・アスラとは反対に、あえて月経の禁忌を破り、妊娠を模倣するという奇妙な実践を勧められる。ある程度言いつけを守り、試してみることができたのは二人だけで、ほとんどがすぐに中断をしているし、長くは続けられない実践であった。それは、ケガレとしての月経と禁忌という、共同体において強く共有される宗教的タブーに抵触し、競合しているからである。普段は「隅に座る」という月経の隔離を実施している合同家族の中では、家族の支援や共感を得ることも難しいだろう。月経中にもかかわらず儀礼などに参加していることが判明すれば、それこそ大問題である。女性にとっては、試してみるためのリスクが高く、選択＝賭けとしては成立しにくいものである。その一方で、それが成立しうる条件――夫婦二人暮らし、月経のタブーが相対的に低いなど――を満たしていた二人にとっては、試してみるに値する宗教実践となっていた。

聖者の恩寵を現実化させる試みに対して、もっとも実行に際しての障壁が低いのが、断食という行為である。もともとヒンドゥー女性にとっての中心的な宗教実践は、断食を伴うヴラタと呼ばれる誓願儀礼であり、願いを叶えるためや誓いを立てるために食事を断つという行為は、文化的に埋め込まれている。不妊女性の場合はさらに、断食は婚家での弱い立場と食の不均衡な分配という実際的な権力構造の中で、いかに周囲の人々との葛藤を減じさせ、承認を得ることができるか、という闘いの実践でもある。

不妊という苦悩への対処法自体は、無限に広がりうる複ゲーム状況をなしている。二〇一六年五月には、パンジャーブ州に住む七九歳と七〇歳の夫婦が、体外受精で子どもを出産したというニュースが飛び込んできた。報道によれば、女性は「神への祈りが届いた。出産によってようやく人生を全うできた」と語っているという（朝日新聞二〇一六年五月一一日）。こうなると、医療行為も、もはや「グジャラートの母」の恩寵となんら大差はないように思えてくる。苦悩からの解放を目指す女性たちの信念の旅は終わらない。

注

＊1　浜本は、信念についての論考において、信じるとは人が世界に実践的に関与する中で、複数の可能な想定のうち、どれを「あて」にするのかという「賭け」の様相の問題であるとする（浜本 二〇一四：一九）。

＊2　本章で扱う事例は、拙著（松尾 二〇〇八）の一部と重複している。

＊3　少女がシヴァ神に象徴される理想的な夫と結婚することを祈願するクマリ・ヴラタから、子ども、息子の誕生、夫の長命など、ヒンドゥー女性にとって理想的で幸福とされる生涯のための祈願を指す。

＊4　したがって同時代の社会改革運動は、必然的に寡婦の再婚へと焦点を当てるようになる。主にバラモンなどの高カースト男性によって主導された一九世紀の社会改革運動では、とくに処女寡婦と呼ばれた若い寡婦の再婚が目指され、当初はカースト追放などの社会的制裁を受けながらも自ら寡婦と結婚した活動家も多かった。

＊5　本章は、二〇〇三年八月～二〇〇五年七月にかけて、調査村落に居住する六〇人の不妊女性およびその家族への調査と、二〇一六年まで毎年同州を訪れて得たデータに依拠する。

＊6　同州の「不可触民」カースト出身のビームラオ・アンベードカルは、英植民地期に反カースト運動の指導者として、また独立後はインド憲法起草委員会の主要メンバーとしてカースト差別撤廃に尽力した。だが、死の直前の一九五六年一〇月にヒンドゥーを捨てることを決意し、仏教に改宗した。彼に従う約三〇万人もの「不可触民」が、同時に集団改宗を行っている。現在、仏教徒は約八五〇万人である（Government of India 2015）。

＊7　不妊とは医学的には、避妊しないで夫婦関係を持ちながら、二年以上子どもができない状態を指すが、本章では厳密にその定義に沿っているわけではなく、子どもがおらず、何らかの対処を行っている／行ってきた夫婦を対象にしている。

＊8　この習慣が、女児を忌避し男児を求める男児選好を強化していることは想像に難くない。選択的女児中絶は法律によって禁止されているが、六歳以下の性差は男児一〇〇〇に対して女児九一九（インド平均）、マハーラーシュトラ州では八九四である（Government of India 2015）。

＊9　一方で、過剰な「熱」は流産を引き起こす恐れがあるとして、妊娠中は「熱い」性質を持つ食物を摂取しないように注意する必要がある。

＊10　とはいえ、実際は結婚適齢期にある女性が結婚しないということは、両親や親族にとっては大きなプレッシャーとなる。女性のセクシュアリティは、婚姻という制度の中で適切に管理されなければならないとされる。

＊11　筆者も調査中、婚家の年配成員（とくに義母）がこのような嫌味や不満を本人の目の前で言う場面に何度か遭遇した。

＊12　実際に行動に移すかどうかは別として、夫に複婚を勧めるのは妻からであることが多い。それは、夫のことを第一に優先する良き妻として振る舞うことが求められるジェンダー規範や、子どもを産んでいないことに対する社会的プレッシャーからによるものである。

＊13　行政上、「不可触民」とされる抑圧されてきたカーストや特定部族（tribe）が指定カースト（SC）、指定部族（ST）と認定され、留保の対象となっている。指定部族は、遊牧や狩猟採集などを生業としていたのが、英植民地期以降は管理強化を目指した部族の定住化政策が取られ、村落への定住が進んだ。

＊14　村でも、若い世代の未婚女性で祖父母などの年長者と同居していない人たちは、「隅に座る」という規制はだんだん行わなくなっているが、唯一、宗教的領域に対しては厳格に守られている。

＊15　インドの太陰太陽暦で、一ヵ月を新月から満月までを白分、満月から新月までを黒分と二つの期間に分けている。

参考文献

朝日新聞社「七〇歳で第一子を出産、夫は七九歳。インド」http://dot.asahi.com/afp/2016051100212.html（二〇一六年五月一一日閲覧確定）

粟屋利江　二〇〇三「南アジア世界とジェンダー――歴史的視点から」小谷汪之編『現代南アジア五　社会・文化・ジェンダー』東京大学出版会、一五九―一九〇頁。

エヴァンズ＝プリチャード、E・E　二〇〇一『アザンデ人の世界――妖術・託宣・呪術』みすず書房。

杉島敬志　二〇一四「複ゲーム状況への着目――次世代人類学にむけて」杉島敬志編『複ゲーム状況の人類学――東南アジアにおける構想と実践』風響社、九―五四頁。

立川武蔵　一九九〇『女神たちのインド』せりか書房。
田中雅一　一九九八「女神と共同体の祝福に抗して――現代インドサティー（寡婦殉死）論争」田中雅一編『暴力の文化人類学』京都大学学術出版会、四〇九―四三七頁。
浜本満　二〇一四『信念の呪縛――ケニア海岸地方ドゥルマ社会における妖術の民族誌』九州大学出版会。
松尾瑞穂　二〇〇八『ジェンダーとリプロダクションの人類学――インド農村社会の不妊を生きる女性たち』昭和堂。
Alterkar, A. S. 1956 (1938). *The Position of Women in Hindu Civilization: From Prehistoric Times to the Present Day. Delhi: Motilal Banarsidass.*
Feldhaus, Anne 1995. *Water and Womanhood: Religious Meanings of Rivers in Maharashtra.* New York and Oxford: Oxford University Press.
Fruzzetti, Lila and Ostor, Akos 1984. Seed and Earth: A Cultural Analysis of a Bengali Town. In *Kinship and Ritual in Bengal: Anthropological Essays*. New Delhi: South Asian Publishers.
Government of India 2015. *Census of 2011*. Ministry of Home Affairs, New Delhi: GOI.
Kumar, Pupesh 2006. Gender and Procreative Ideologies among the Kolams of Maharashtra. *Contributions to Indian Sociology* 40 (3): 279-310.
Mani, Lata 1998. *Contentious Traditions: The Debate on Sati in Colonial India.* Berkeley: University of California Press.
Renavikar, Madhavi 2003. *Women and Religion: A Sociological Analysis*, Jaipur and New Delhi: Rawat Publications.
Wadley, Suzan 1994. *Struggling with Destiny in Karimpur, 1925-1984*. Berkeley: University of California Press.

第7章

日常の中の宗教性

日本におけるスピリチュアリティと女性

小松加代子

1　はじめに

スピリチュアリティという言葉は時には称賛をもって語られ、場合によっては切望されるような、非常に望ましい理想として現れることがある一方で、批判や抵抗、そして拒否さえ受けることがある、とフェミニスト宗教学者のウルスラ・キングはいう（King 2009）。スピリチュアリティが伝統宗教とともに語られる際には、深遠な真理といった賞賛の言葉が用いられる一方で、新しくしかも商業的な面を持ったものに対しては、浅薄といった形容を用いて批判されることは、しばしば見られることである。

豊かになったと見なされている現代日本で、なぜ多くの女性たちが伝統宗教ではなくスピリチュアリティに関心を寄せているのだろうか。レイキ、ヒプノセラピー、エネルギー・ワーク、前世療法、ロミロミ、カードリーディング、オーラソーマ、ポエトリー・リーディング、エネルギーアート、オーラリーディング、フォーカシング、気功マッサージ、タロット占いなど、多くのヒーリングに女性が関わっている。その中で、それぞれの女性が自分自身で組み合わせながら複数のヒーリング方法を使い、またその思想から、今生きていることの原因譚、今生きている目的、そして死後の生を含めた世界観を見出している。既成宗教の組織の外に生き方を見出した女性たちのインタビューを通して、現代における女性とスピリチュアリティの問題を考察したい。本章はスピリチュアリティ、あるいはヒーリングに関わる女性たち二二名のインタビューに基づいている。[*1]

2　スピリチュアリティと女性のおかれた状況

近年の「スピリチュアル」「精神世界」「癒し」といった言葉とともに広まった新しいスピリチュアリティは、個人の覚醒や意識変容を目指すものと特徴づけられている（島薗 一九九二、二〇一二、伊藤他 二〇一三）。こうした個人の強調は、組織化された宗教の影響の減少と、それにともなって次第に個人が直接聖なるものと向き合う「主観的な転換」（Heelas and Woodhead 2005）へと向かっている証しともされる。また世俗化する社会の中で宗教的な価値が失われていくと考える見方がある一方で、個人化された現代人は、個人の中でそれぞれの解釈が可能となり権威を必要としなくなっただけで、個々人はそれぞれに宗教性を保っているという主張もなされている。

これまでの宗教研究は、宗教的組織や教義、集会や儀式への出席率といった目に見える量的な計測が可能なものを中心に宗教をとらえがちだった。そのため信者数や教会への出席率の減少から宗教の「世俗化」や「個人化」といった概念が導き出されてきたが、それは、一般の人々が感じる宗教性や世界観とはずれが生じているように思われる（Bender et al. 2013）。大いなる力のような存在に問いかけたい、祈りを通してつながりを持ちたいといった感覚は、組織や教義と結びつく必要があるとは限らない。宗教組織を代表する立場からは遠い女性たちの経験している宗教性は、日常生活のひと時、料理をしている時や、部屋に一人でいる時、墓を掃除する時などに顕れる。こうした普通の生活の中の一コマでの体験に見られる宗教性を、メレディス・マグワイヤやナンシー・アマーマンは「日常生活の宗教（Lived Religion）」と名づけた。本章では、この視点が有効であると考えている（McGuire 2008; Ammerman 2013）。[*2]

ただし、日常生活の宗教に着目して調査しようとする際に、その日常性が、宗教性の荘厳さの欠如を示すかのような先入観にとらわれてはならない。スピリチュアル業界の消費者としてのみ女性を表す（有元 二〇一一）、あるいは、あたかもあいまいな流れの中で自己決定をすることのないかのような女性の描き方をする（磯村 二〇〇七）傾向がスピリチュアリティを調査する側にあることには注意をしておきたい。また伝統的宗教から距離を取る理由を、「宗教」が怪しいものとして捉えられているからというだけ（葛西 二〇〇三、堀江 二〇一一）では、女性がスピリチュアリティに関わりながら何を追い求めているのかを問うことはできない。

3　職場

　日本では一九八五年に男女雇用機会均等法、一九九九年には男女共同参画社会基本法が制定され、職場や社会での男女平等が促進されているように見える。ところが、一九七〇年代の高度経済成長期に広まった女性は家庭に入り男性は働くという性別役割分業の考え方は今も根強い。経済が厳しくなってきたところで女性を労働市場に投入し活躍してもらおうという政策は、女性が置かれた状況の分析をしないまま、一方的に女性に経済的活動もせよと押しつけているように見える。政治への女性の参画率や職場での女性の管理職の割合の低さ、男性との賃金格差がなかなか改善されない現状を見れば、女性の活躍という建前の陰で女性にしわ寄せが及んでいることは容易に推測される。こうした現状とスピリチュアリティやヒーリングの流行は無関係ではない。

　今回インタビューをした人たちの話の中で特徴的だったことの一つは、今の日本社会の働き方の中で身体的にも精神的にも疲れたという体験だった。鬱になったと表現する女性たちも多かった。

　現在「エネルギー・ワーク」と「エロス・ワーク」のセッションを行っているLさんも、こうした働き方に疑問を持った一人である。彼女は群馬の繊維産業で仕事をしたのち東京の呉服屋で働いた。仕事の忙しさもあったが、仕事の進め方や仕事場の環境などに、男性社会だと感じることが多く、呉服屋が閉店になったのを機会に仕事を辞めた。その時、男性社会の中で生きていくのは無理だと思ったという。Oさんは、仕事のやりすぎで心身ともに疲れ果て、休職と復帰を繰り返しながら、結局仕事を辞めることになった。なかなか治らない身体の治療のために西洋医療に加え、多くの代替医療に通い、ヒーリングの世界に触れるようになった。

また、すでに鍼灸の仕事についていたIさんは、アレルギー療法をしていた時は一時予約がいっぱいになるほど繁盛していたという。朝から夜遅くまで働いて、死に急ぐと言われたほど目まぐるしい生活をしていた。そのことを透視のセッションに通った時に指摘されたという。透視によって、疲労とそろばんが見えると言われ、働き方を変えなければいけないと言われたという。その指摘を機にアレルギー療法をやめることにした決断が現在の自分につながっている。

Fさんは、結婚後も共働きで、二人の子どもの出産後も働き続けていたという。仕事の関係で、職場に負担をかけないよう出産後四ヵ月で職場に復帰した。そして、子どもがまだ〇歳だった時に海外出張もこなした。それはすべて自分で計画し問題ないと考えていたことだった。しかし、その中で自分が傷ついたと感じたという。仕事の忙しさの中で、出産した自分と子どもに向き合う時間が十分になかったことをFさんは母性が傷ついたと表現した。

仕事もしたいし、実際に能力もある。しかし、会社の評価は男性の働き方を基準にしているので、相応の評価をもらおうとすれば家事育児を犠牲にせざるをえない。仕事か育児かという選択を迫られるのは、今もなお女性である。育児を選んで仕事を辞めれば、やはり女性は使えないといわれ、育児をしつつ仕事を続ければ、片手間に仕事をしていると咎められる。何より子どもにしわ寄せがいくのを間近で見なければいけないのは女性である。職場でのジェンダーに基づく不公平な扱いは、日常の出来事によるよりも、より抑うつ症やそれに伴う身体症状をもたらしやすいという報告もある。*3 インタビューに応じてくれた多くの女性たちが鬱になって入院した、あるいは鬱状態になった経験をしたのも、こうした社会状況によって作り出されたものであるともいうことができる。

4 理想の女性像

男女平等の教育が進む中で、女性は、男性と同様に就職して仕事で自己実現するよう求められるプレッシャーと、できれば早めに出産し母としての役割を果たすことを求められるプレッシャーの二つのプレッシャーにさらされている*4（中野 二〇一四、上野 二〇一三）。結婚すると、共稼ぎであっても家事は女性がほとんど行っており、性別役割分業観は相変わらず残っている。そして子どもができると、家事に加えて育児も女性の仕事とされる。育児・介護休業法や雇用保険法などが施行されて、出産に際して育児休業が取得できるようになった。しかし、育休は男性もとれるはずが、実際には二％前後に過ぎず、まだまだ「子育ては母親がするもの」という価値観が会社組織の中でも、男性の意識の中でも強い。こうした固定観念は強い圧力をもって女性に迫り、女性は罪悪感と焦燥感を押し付けられながら生きている。[*5]

Rさんは、ミュージシャンとして活躍を始めていた時に妊娠した。妊娠したことを知った音楽仲間から、妊娠したら活動すべきではないと言われ、あきらめるしかなかった。出産後一年たったころ復帰したいと思ったが、歓迎されなかった。特に音楽活動を続けている女性から、育児も仕事も両方は欲張りだと言われ、結局音楽をあきらめざるをえなかったが、そうそう気持ちの整理は簡単にはつかない。ミュージシャンとして活動したいという思いと同時に、子どもさえいなければという考えが浮かんできてしまって、辛かったという。

Cさんは、二人目の子どもが生まれた後、子ども二人がインフルエンザにかかった時に、仕事をあきらめた。仕事を辞めてから自分の体調が悪くなって、それまでとは違う自分になったような気がしたという。すぐに倒れるようになり、子どもと電車に乗るのも大変で、以前からは考えられない状態になった。

仕事を続けるにせよ辞めるにせよ、仕事と子どもとの間に挟まれて悩む女性たちは、こうした状況を社会の問題として戦う余裕もなく、両立できないのは自分の問題として内向きになりがちである。

さらに育児では、少子化の流れの中で、上野千鶴子の言葉を借りれば「絶対に失敗できない子育て」の重圧にもさらされている（上野 二〇一三）。現代の一人か二人しかいない子どもの育児は、失敗を許されない仕事となり、女性であればできて当たり前と、経験がないにもかかわらず育児の責任が課せられる。

インタビューをした子どもを持つ女性たちは、子どもに関わるさまざまな悩みを話してくれた。女性であれば子どもを無条件で愛することができるというような母性神話や、家事育児を完ぺきにこなす女性像にプレッシャーを感じて、自分の悩みを打ち明けられない女性たちも少なくない。たとえばUさんは、長女とウマが合わず、どうしていいか分からなかった。Cさんは、次男とどう関わっていいのか分からなくなっていた。このようにUさんもCさんも、すべての子どもを同様に愛することができないことは、自分が母親としてどこかおかしい、ダメな母親なのではないかと感じて苦しんでしまったのだった。子育てをしているうちに鬱になったというSさんのケースも、世間の求めるよい母、よい妻というイメージを自分の中に見出せないだけではなく、身近でもどのような子育てが理想なのかを具体的に示してくれる女性が見つからなくて苦しんだという。

こうした状況に対して女性たちの運動は実質的な力を持つことができなかった。菊地夏野は、日本では「男女共同参画」という国の施策がフェミニズムの考え方を取り入れたものと社会に受け取られ、「女性差別はなくなった」というイメージとともに、フェミニズムが国家や政府を動かしているかのように見られてしまったという。そこでは、「『女性差別の解消』というイメージは、フェミニズムの成果としてではなく、『経済発展』や『民主化』『教育の効果』などの漠然とした大きな変化と結びつけて認識されている」一方で、女性の差別を訴える女性たちは、国の支援を受けながらまだ自分の利益を訴えて男性を糾弾するという自分勝手な女性たちというイメージが作り出され、多くのバッシングを受けることになった（菊地 二〇一五：八二）。

こうした激しいバッシングを前に、多くの女性たちは自分はフェミニストではないと言わざるをえなくなってしまった。リブ運動からフェミニズムへと一九八〇年代から活動を続けている女性たちを取材し映画化した松井久子の次の言葉に、それが表れている。「私たちは長いこと、フェミニズムを敬遠するか、無関心であるかして、『普通の女』と『フェミニスト』のあいだは、ガラスの壁に隔てられてきた」。多くの女性たちは「ブスでモテない女のヒステリー」という社会のレッテルを貼られないよう、フェミニストに対して「男を敵にまわす女たち」との誤解と偏見を持ったまま、距離をおいてきた、という（松井 二〇一四：v―vi）。

5　ヒーリングやスピリチュアルなものとの出会い

「男性中心型労働慣行」と呼ばれる職場のあり方は、会社という組織が男性社会の価値を押し付けて女性が働くのを難しくしているだけではない。会社の方針を毎日全員に唱えさせたり、会社の一つの考え方に染まっていくことが大人になることとされるなど、社員が自立した一人の人間として認められない、多様性を否定する世界である。それに対して、スピリチュアリティやヒーリングに出会った女性たちは、自分を肯定すること、自分で解釈すること、女性であることを肯定すること、その方法を見つけ出している。この行動こそ、それぞれの女性のアイデンティティの多様性を認め合おうとするフェミニスト的視点を提示している。

自分を肯定し、自分で選ぶ

女性であることを肯定できずにいたFさんは、レイキ、カードリーディング、チャネリングなど、さまざまなセッションを経験し、妻でも母でもなく、女性であることを楽しむことができるようになったという。そこでは、自分で現状を解釈できるようになり、我慢するだけだった自分の怒りの意味を自分で解くことができ、自分の中にあるものに気づくことによって、自分を深く見つめることができるようになった。結婚、育児と仕事との両立からの問題は、母の焦りや妹の結婚で、結婚を焦った自分から始まっていたのだということに気づき、いま自分に必要なものを自分で選べるようになった。その後Fさんは離婚と離職を経験し、現在は前職の経験を生かして広報の仕事をしながら、レイキ・チャネリングなどを通してヒーリングを行っている。

ヒーリングサロンを運営しているDさんは、ロミロミ、ヒプノセラピーを体験していくうちに、今世の生き方は自分で選んだものだと確信するようになったという。子育てでノイローゼになっていた

Sさんは、催眠療法で楽になれたという。それまでは自分がない人生で、人と接することが怖いし、理想の子育ても分からず、大変だった。今は自分の人生を生きたいと思うようになった。

多くのインタビューを受けてくれた女性たちに共通しているのは、それまで誰かの期待に応えようとしていたとか、「〜であるべき」という思いに縛られて苦しかったことが、さまざまなセッションを通して、解放されて、自分で状況に対応できるようになったという経験である。スピリチュアリティは、女性たちに自分を肯定し、女性であることを積極的に受け入れる方法を提供している。

前世と今世の生き方を意味づける

多くの人に共通して見られたのは、前世療法である。特に子どもや配偶者との関係についての催眠療法や前世療法の効果には興味深いものがある。今の世での夫や子どもは、別の人生では恋人であったり、年齢が逆転していたり、性が逆転していたりしながら、何らかの関わりがあったと受け止められる。それにより、自分も含め、現在関わっている相手を別の人格を持った人間として客観的に見つめることができるようになっている。

たとえば、こんな例がある。娘の感受性がとても強くて、幼少期に育てるのが大変だった女性は、前世療法で見た中世のヨーロッパで、そのとき年長者だった娘に未熟な自分が大変世話になってい て、今生は自分がその恩を返す番だったということが分かった。娘の問題と思っていたことが、実は過去での自分の行いが原因だったという物語の転換が行われている。こうした意味の転換を可能にするのが前世療法であるということができるだろう。

また、具体的な過去生を見なかった場合でも、最後のセッションで涙が出てきた、その後母が嫌いだという気持ちから解放された、あるいは、家に帰ってから自分が変わったと思ったという女性もいる。セッション後、ふと涙が出てきたり、テレビの中のセリフを聞いて涙を流したりした。しばらくして自分がさみしかったんだ、ということに気がついたという。そしてひどいことを言ったことを、子どもに素直に謝れるようになったという。

前世療法を語る女性たちは、それが本当かどうかをそれほど気にしていない。中には道具として前世療法を使うだけであると強調する人もいる。前世体験で自分が違う見方を獲得し、たとえば自分と子どもの関係が別の世では違う関係だったと考えることで、子どもを自分とは違う個人として見ることができる。さらに、この世での自分の役割や目的を自分で決めてきたのだという考え方が、より積極的にその目的のために生きるという力を生み出している。この自分の価値観が変わるという経験こそが重要であって、前世が証明されるかどうかは問題ではないというのである。また前世を強く強調しないのは、今世がすべて前世との関係で決定されていると考える傾向を危惧するためでもある。生まれる前に決めた今世の計画は、その通りに生きてもよいし、修正を加えてもよい、どちらも自分で決めることができるということこそが重要で、それこそが魂の成長となるのである。

女性の身体の回復

男性中心とした宗教では、女性の身体は穢れや修行の妨げとされがちである。女性たちの超越的な探求が浅薄なものと見なされるのも、女性の身体の意味づけが原因と考えられる。それに対してヒーリングは、自分の身体の声を聴くことを重視する。ヒーリングを行うことによって、自分の身体を大切にする気持ちが強くなってくるという。

女性性が傷ついたと語ったFさんは、「女性の中には内なる女神が眠っています。……女神や女性性が軽視されてきた過去の歴史で、男性の中にある女性性も、抑圧され、傷つけられてきたことから、今、男性も女性も、両方の中に息づく女性性が開放される時を待っているようです」とホームページに記している。

Fさんと同様に、女性の身体に宿る霊性といった表現をするのは、ベリーダンスを経験している女性たちである。ベリーダンスを踊りながら思考から抜け出し体に委ねていくことで自分の霊性に触れ、本来の力が表に出てくるのだという。「女性は女性として、あるがままで、のびやかな性（セクシャリティ）に自信を持っていていい」とエロス・ワークのセッションを行っている。Mさんも、セクシャリティの解放について現実的に伝えていくことをセッションの中に取り入れている。

ベリーダンスを語ってくれた女性たちはみな、虐げられてきた女性性は、女性だけではなく男性の中にもあるもので、女性も男性もともに女性性の回復が必要なのだという。時代も社会もそして個々の男女も女性性を開放することが必要とされている。

自分の身体を神聖なものとして体験し、その体験を肯定するというプロセスが、スピリチュアリティの中では行われている。

既成宗教との関わり

こうした女性たちの「女性であること」を肯定したいという思いは、既成宗教団体の中では満たされなかった。インタビューをした中で三分の一の人たちは、宗教団体に入信、あるいは行ってみたことがあって、そこでの失望の経験を語ってくれた。

幼いころにキリスト教会と関わった経験を持つ人々からは、神の罰や罪といったネガティブな点に苦しんだという経験や、教会の中の女性たちが与えられた役割だけをこなしているようで、教会の中に幸せな女性のモデルがいなかったこと、何かに強制されているかのように感じて受け入れられなかったことなど、具体的な話を語ってくれた。

また仏教の中では、病気や困った時には霊能者に相談に行っていて、寺の坊さんたちのほとんどは、話し方も、人との接し方も知らない人ばかりで、相談相手にはならないと感じていたという。

新宗教団体では、仕事を辞めて家庭に入ってから体調を崩した女性は、その宗教団体の教えには納得できないところがあり、絶望的な気持ちに答えてはくれなかったという。また別の団体に所属していた女性は、最初は積極的に参加していたものの、そのうちに男性中心のヒエラルキーの確定した組織に次第に失望し、また問題の原因が先祖や土地の因縁にされることに疑問を持ったという。また別の神道系の新宗教の信者の母親を持つ女性は、そこの信者がみな同じオーラであることにびっくりし、自分はとうてい信じられないと思ったという。

複数の宗教団体と関わった経験を持っている女性の例を挙げれば、中学からキリスト教に接し、子どもが生まれてから二つの新宗教系団体に入ってみたが、いずれも人間の作った組織や規則が煩わしく思えてやめたという。こうした既成宗教への失望は、この女性の次の言葉にまとめられる。「いくら何千年もの歴史があるからって、なぜ宗教、民族、国家、伝統などに拘泥するのだろう。……わけもなく涙が出るほどの感謝が天地と自分の間で循環していると『教え』は要らないし、むしろうっとうしくさえ感じる。……教えられてする感謝は真の喜びにはつながらないし、それができない時には罪悪感を生む。」それと対照的に、スピリチュアルの聖地ともいわれるフィンドホーンを訪れた時には、一週間の滞在中に行われるシェアリングで安心して自分を隠すことなく出すことができた。そこでは人をジャッジすることが存在しないからだという。一つの教義の下に集まった信者が同じ考え方をするということへの違和感も多くの女性たちが口にしている。

ただし、伝統的宗教のすべてを否定しているわけではない。彼女たちは宗教組織を超えて存在し、日常生活の中の実践や感情、具体性に基づいていて、時にはさまざまな信仰や思想を混在させている。

女性たちは宗教団体には関心はないが、教会の建物に入り讃美歌を聞く、神社や寺の行事に参加する、神社や寺の境内で参拝するといった宗教的行為を行うことはある。伝統的宗教の関係者の考えるやり方ではないために表面的で浅いと言われるが、その女性の中では有意義に統合されている。こうした女性たちの新たな行動を「日常生活の宗教」としてのフェミニスト・スピリチュアリティと呼ぶクリスティン・アウネは、こうしたＤＩＹ的なアプローチをその特徴として挙げている（Aune 2015）。

組織よりも関係性

女性たちの活動の中に見られるもう一つの特徴は関係性の重視である。女性たちの行っているヒーリングやスピリチュアル系のセッションの中では、施術者とクライアントという立場は医者と患者といった、はっきりと分かれたものではない。むしろヒーラーはヒーリング技術を提供するものの、その答えを受け入れるかどうかはクライアントに任されている。たとえば前世療法では、催眠誘導はするが、そこで見たことについてはクライアント自身がどう解釈するかに任せ、ヒーラーは解釈したままに受け止める。超能力を用いて答えを提供するような形式とは大きく異なっている。またヒーリングのセッションでも解決をしたいと考えている問題や課題について、複数の技法からその背景を探ったり、自分の中の本音を導き出したりして、自分の納得する答えを見つけられるように手伝いをしているようである。そこにはヒーラーがクライアントへ答えを与えるといった一方向の動きではなく、双方向のやりとりが行われる。ヒーラーは常にヒーリングを施す側にいるばかりではなく、一参加者として自分の物語も語る。これは現代のコンシャスネス・レイジング（consciousness raising）と呼ぶことができるのではないか。

一九九〇年代以降に登場した第三波フェミニズムの新しいコンシャスネス・レイジングは、自分の経験に基づいて、自分の問題を明確にし、自分のフェミニズムを見つけ、自分の仕事を始めることを奨励するという。第二波フェミニズムでは、悩んでいるのはあなただけではない、と個々の女性たちをつなぐ手段としてコンシャスネス・レイジングが存在した。新しいフェミニズムのコンシャスネス・レイジングは、以前のコンシャスネス・レイジングのように共有の場所と経験を創り上げることを目的とせず、人々の差異に関心を向け、その差異がどのように個人の経験や政治的な問題を形作るのかに注目する点で大いに異なっている。[*6] 自分の物語を語ることは、古い価値観によって押し付けられた罪悪感に逆らうことである（Baumgardner 2011: 70）。そして安心してそれぞれの人が自分の物語を語れる場を共有することによって、自分の世界観を広げ、人間関係も広がっていく。自分の物語を語ることそのものがすでに運動となっている。

さらに、新しいテクノロジーを利用することでも、新しいフェミニズムと同じ路線にいる。メールやブログ、フェイスブックなどのツールを用いて、アイデアを創り上げたり拡散したり、別の形の理論を褒めたり、そのはけ口となったりする。それによって、以前よりももっと多くの人に接触することが可能となっている。似たような考えを持つ人とオンラインでつながって思いをシェアしたり、普段住みなれているところとは違うところへ旅をした時には、「自分の土地の女神を持ち込むのではなく、その旅先の女神とつながる」のだという（Redfern and Aune 2013）。大震災のボランティアに行く、原発の反対運動に参加する、安保反対のデモに行くといった活動も見られる。そうした自由さも特徴である。

6　仕事としてのスピリチュアル

ヒーリングや前世療法、身体の回復を体験した女性たちは、現代日本の中でどう生きるのかという問題とつながることになる。

インタビューした人たちの中には、主な収入源としてスピリチュアル・ヒーリングを仕事としている人たちが約半数いる。離婚して子どもを保育園に預けるために、仕事をしなければならなくなり、その際に始めたスピリチュアル系のネット通販が生活の糧となったという人、子育てセミナーやヒプノセラピーのセッションをやっているうちに独立できるようになった人、ヒーリング・ルームを開いて自立している人などである。修得したヒーリング方法に自分の経験を入れながら独自に展開をしているケースも多い。クライアントは九〇％以上が女性で、徐々に男性も増えつつあるがまだ少ない。

クライアントは口コミで来る人が多く、一度来た人たちとのつながりが存続する。また、仕事内容も、複数の関連する内容を提供することが多い。また誰もが自分はまだ勉強の途中にいると捉え、気になるセッションに参加し、提供するヒーリングの内容を変化させることが特徴である。また自分の経験を生かして、ヒーラーを育てたり、相談に乗ったりすることもできるようになっている。

一方、スピリチュアル・ヒーリングに専念せずに、ヒーリングと普通の仕事との両方を行っている女性も多い。彼女たちは、自分の人生としては、スピリチュアルは一部なので現実の仕事で自立すべきだと思った、スピリチュアルを専業とするタイプではないと思った、などと語っている。また自分がどのくらい成長しているかを、スピリチュアルの中だけにいたら分からないが、社会で働いて外の人と会うことによって客観的に見ることができるとし、ヒーリングと関係しない他の仕事をすることを積極的に評価する。ヒーリングとスピリチュアルのみでは、ふらふらしてしまうので、社会的な普通の人とのつながりが必要だと考え、半々くらいが良いという人もいる。

スピリチュアル・ヒーリングのセッションという仕事は、固定収入ではないため不安定である。しかし安定的な被雇用の状態に戻ることは考えていない。彼女たちは会社組織の中で苦しみ、スピリチュアルやヒーリングと出会い、仕事に対して異なる価値観を見出している。仕事のしすぎで体を壊したというNさんは、鬱になった友達の肩に手を置いたら、友達の苦しみが見えたという。愛がないところにその苦しみがあった。その人に愛のエネルギーを流すことが自分のヒーリングであるという。D

さんは、ヒーリングサロンで得るものは、自分らしい仕事、自分の時間、自分の場所を持つことだという。すぐに利益を求めず、その時の相手に合わせた値段で提供する。相手のために、そして世の中の役に立っているかどうかが自分にとっては重要である。そして、日本の仕事場は上下関係がきついので、一人で仕事をすることが自分に合っているという。Fさんは、会社員としての仕事も起業も経験したので、経営者の悩みや、会社の中の人間関係が理解できることから、仕事とヒーリングの組み合わせをしていこうと試みている。

これまで性別役割分担として女性だけに担わされていたケア役割は、労働市場では無償労働で価値の低いものとされてきた。それに対してヒーリングの場では、ケアが価値あるものとして扱われ、同時に需要がある程度確保されていることから有償労働としても成り立っている。そして、クライアントの笑顔を成果として自分の魂のしたいことしかしない、必死に稼がなくていい、大きくするつもりもないという稼ぐことよりもケアを重視するという仕事への価値づけも大きく変更されている。

スピリチュアルやヒーリングが商業化に乗せられていることに対する批判や警鐘ももちろんある。商業化されスピリチュアリティと宗教という文化的領域が企業主導に代わられてしまいつつあるという危惧や、癒しブームが消費者ニーズに適合するのみならず、消費者ニーズを創り上げるメカニズムであるという指摘もある。[*7] こうした商業主義や企業によって操作されている面も存在する。しかし、商業化され、マスコミで広まることによる利点も生じている。それは、日本社会が経済的な落ち込みを経験する中で、スピリチュアルに関連するビジネスは儲かっており、そこに女性にとって一つの仕事の選択肢ができたということである（Gaitanidis 2012）。商業化されることによって、スピリチュアリティが一般に受け入れられやすくなり、関連する仕事が成立しやすくなっている点は見逃すことはできない。

インタビューを受けてくれた女性たちは、流行のスピリチュアルの動きにも注意している。サイキックな力で特別な答えを聞かせてくれることを求める人や、スピリチュアル系のものに「はまっている」人たちが何かに依存する姿勢を崩せないことにも気づいている。自分で答えを見つけ出そうとする視点を欠いている依存性のスピリチュアルに対しては、たとえば「いわゆるスピリチュアルとは違う」といった発言や、スピリチュアル（霊性）と日常生活がかけ離れているものに対して「ふわふわしたスピリチュアル」という表現を使って、自分の目指しているものとは違うことを示している。

7　新しいフェミニスト・スピリチュアリティ

フェミニストであることが揶揄の対象となってしまった日本でも、男女の格差がある男社会を問題とし声を上げる人々が登場している。たとえば、「私たちは性の平等を信じる人はみんなフェミニストであると考えています」という明日少女隊は、フェミニストという言葉を積極的に使って、その言葉に結びつけられた誤解を解こうとしている。[*8] また「怒れる女子会」を開催するグループは、その活動を「『オッサン政治』を変えたい人たちがリアルな空間で集まっておしゃべりをする場」を持つこととし、「ぴんときた人すべてが怒れる女子会会員であり、その回の主催者」であると説明している。[*9]

男女平等のための運動を起こし、ある程度の成果を達成したかのように見えたリブや第二波フェミニズムが抱えた「女性」というカテゴリーの脆弱性の問題を越えて、新しいフェミニズムはジェンダーの差異を語りながら、それぞれの女性のアイデンティティの多様性を本質主義に陥らず、普遍化せずに、しかも女性というカテゴリーを維持して政治的な運動に結びつけるという難題を解決しようとしている。

今回話を聞かせてくれた女性たちは、スピリチュアリティ、ヒーリングとの出会いから、その方向性を見出し、人生への積極的な意味づけを行おうとしている。スピリチュアルな生き方は、グローバルな社会変化を達成することができるような集合的エネルギーを起こすことができる、行動は怒りではなく喜びによって動機づけられ、より良い世界を想像する力を持っていると感じている。日本のスピリチュアリティに関わる女性の中に、こうした新しいフェミニスト・スピリチュアリティとも呼ぶべき考え方と実践を見ることができる。彼女たちはフェミニズムという言葉を積極的には使わないため、そのフェミニスト的な姿勢は直接には見えてこない。しかし社会的・時代的に限定された「スピリチュアリティ」と「フェミニズム」という言葉をそのイメージから解放させることによって初めて、ヒーリングやスピリチュアルに関わる女性たちの活動が宗教とフェミニズムを融合しようとするものであることが理解できるのである。

8　おわりに

フェミニズムとスピリチュアリティは、引き裂かれた現代社会の中で全体性とヒーリングへの探求、期待、追求となっているとウルスラ・キングは指摘する（King 2009）。理想とする生き方がかつてのように一元化できない今日の社会で、誰もがどう生きたらよいのかを模索している。本章に登場してくれた女性たちの行動は、芸術家の創造的なスピリチュアリティを研究したロバート・ウースナウの次の表現に合致しているようである。「満足できるスピリチュアルな人生を創造するためには、聖なるものとの自分自身の関係に対して自分で責任を持つことが必要である。自分の意識を集中し、規則を学び、技術を習得し、想像力を駆使することである」（Wuthnow 2003: 12）。本章でとりあげた女性たちは、自分自身のスピリチュアルなあり方に自分で責任を持つという主体性を、種々のセッションに参加しながら作り上げようとしている。スピリチュアルな生き方とは自分への信頼を必要とし、その上で霊性への目覚めが進む。そこでは、宗教かスピリチュアルかという問いは意味をなさない。

スピリチュアル・ブームからすでに一〇年以上の時間が過ぎた現在、技術を習得し想像力を駆使して学んだものを次の新しい世代に伝える活動も始まっている。組織と自分を一体化させてしまいがちな男性社会の中で疎外された経験を持つ女性だからこそ、スピリチュアリティが自分の中の霊性を呼び起こし、自己に誇りを感じ生きることと深く関わっていることに気づき始めている。こうした女性たちの行動は、日本のジェンダー観の変容をうながしている。

謝辞

二二人の女性たちは、貴重な時間をインタビューに割いてくれたばかりか、原稿を読んで意見・感想を届けてくれた。この論文は彼女たちの協力なしにはできなかった。心からのお礼と感謝を申し上げたい。

注

＊1　インタビューを受けてくれた二二人の年齢層は次の通りである（二〇一五年現在）。八〇代一人、六〇代一人、五〇代三人、四〇代一三人、三〇代四人、合計二二人。うち、結婚経験者一五人、離婚経験者八人、子どもがいる人八人、独身七人。インタビューに加え、彼女たちのホームページ、ブログなども参考にさせていただいた。ここでは、任意にふったアルファベットで名前の代わりとした。

＊2　アマーマンは「日常生活の中の宗教」を研究することによって初めて、生活の中で実践されている女性たちの宗教を目に見えるようにすることができると述べている（Ammerman 2013）。

＊3　プラット他（Platt et al. 2016）を参照。

＊4　上野千鶴子は「娘の受難」という言葉を用いて、女性のおかれた状況を説明している（上野二〇一三）。

＊5　バトラーの言葉を用いるならば、「集団的エートス」が時代遅れのものになると、たちまち暴力的になる。

時代遅れになっていても集団的エートスは過去のものにならず、個人の権利を抑圧し続けるというその状態は、女性に課せられる母親像や女性の生き方として表れている（バトラー 二〇〇八）。

＊6 We've Only Just Begun: Translating Third Wave Theory Into Third Wave Activism, 123HelpMe.com. 07 Sep 2015.（http://www.123HelpMe.com/view.asp?id=37836 最終確認二〇一六年三月二七日）

＊7 たとえば、カレットとキング（Carrette and King 2005）、松井（二〇一三）など。

＊8 「明日少女隊がフェミニストを名乗るわけ」http://ashitashoujo.com/post/117166160510/feminist（最終確認二〇一六年八月五日）。

＊9 呼びかけ人である弁護士太田啓子の文章である（http://wotopi.jp/archives/22522 最終確認二〇一六年八月五日）。

参考文献

有元裕美子 二〇一一『スピリチュアル市場の研究――データで読む急拡大マーケットの真実』東洋経済新報社。
磯村健太郎 二〇〇七『〈スピリチュアル〉はなぜ流行る』ＰＨＰ研究所。
伊藤雅之・樫尾直樹・弓山達也編 二〇一三『スピリチュアリティの社会学――現代世界の宗教性の探求』世界思想社。
上野千鶴子 二〇一三『女たちのサバイバル作戦』文春新書。
葛西賢太 二〇〇三「『スピリチュアリティ』を使う人々――普及の試みと標準化の試みをめぐって」湯浅泰雄監修『スピリチュアリティの現在――宗教・倫理・心理の観点』人文書院。
菊地夏野 二〇一五「日本独特のポストフェミニズム的状況」越智博美・河野真太郎編『ジェンダーにおける「承認」と「再分配」』彩流社。
島薗進 一九九二『現代救済宗教論』青弓社。

島薗進　二〇一二『現代宗教とスピリチュアリティ』弘文堂。

中野円佳　二〇一四『「育休世代」のジレンマ――女性活用はなぜ失敗するのか？』光文社。

バトラー、ジュディス　二〇〇八『自分自身を説明すること――倫理的暴力の批判』月曜社。

堀江宗正　二〇一一『スピリチュアリティのゆくえ　若者の気分』、岩波書店。

松井剛　二〇一三『ことばとマーケティング――「癒し」ブームの消費社会史』碩学舎。

松井久子　二〇一四『何を怖れる――フェミニズムを生きた女たち』岩波書店。

Ammerman, Nancy T. 2013. *Sacred Stories, Spiritual Tribes: Finding Religion in Everyday Life*. Oxford University Press.

Aune, Kristin 2015. Feminist Spirituality as Lived Religion: How UK Feminists Forge Religio-spiritual Lives. *Gender & Society, Sage* 29.

Baumgardner, Jennifer 2011. *F'EM! Goo Goo, Gaga, and Some Thoughts on Balls*. Seal Press.

Bender, Courtney et al.（eds.）2013. *Religion on the Edge: De-Centering and Re-Centering the Sociology of Religion*. Oxford UP.

Carrette, Jeremy and King, Richard 2005. *Selling Spirituality: The Silent Takeover of Religion*. New York: Routledge.

Gaitanidis, Ioannis 2012. Spiritual Therapies in Japan. *Japanese Journal of Religious Studies* 39（2）.

Heelas, Paul and Woodhead, Linda 2005. *The Spiritual Revolution*. WB.

King, Ursula 2009. *The Search for Spirituality Our Global Quest for Meaning and Fulfillment*. Norwich: Canterbury Press.

Llewellyn, Dawn 2015. *Reading, Feminism, and Spirituality: Troubling the Waves*. Palgrave Macmillan.

McGuire, Meredith B. 2008. *Lived Religion: Faith and Practice in Everyday Life*. Oxford University Press.

Platt, Jonathan, Prins, Seth, Bates, Lisa and Keyes, Katherine 2016. Unequal Depression for Equal Work? How the Wage Gap Explains Gendered Disparities in Mood Disorders. *Social Science & Medicine* 149.

Redfern, Catherine and Aune, Kristin 2013. *Reclaiming the F Word: Feminism Today*. Zed Books.

Wuthnow, Robert 2003. *Creative Spirituality: The Way of the Artist*. University of California Press.

あとがき

本書の構想の種は二五年近く前に蒔かれたものである。第二波フェミニズムが巻き起こした議論が活発に行われ、ポストコロニアリズムや第三波フェミニズムへと展開しようとしていた欧米の大学から戻ってきた編者たちの目には、ダークスーツで埋まる日本の宗教学会はとても異質に映った。女性研究者は圧倒的に少なく、ジェンダーに関係する研究は重要ではない些末な問題とされていた。そこで、欧米の思想の単なる輸入ではなく、日本の宗教研究にジェンダーおよびフェミニズムの視点を組み入れ、そして日本のジェンダー研究に宗教の視点を組み込むこと、それが編者たちの一つの目標となった。二〇〇七年に日本で初めてのジェンダーの視点を中心にすえた宗教学のテキスト『ジェンダーで学ぶ宗教学』（田中雅一・川橋範子編、世界思想社）を出すことができた。しかし一〇年近くたった現在でも、まだまだ宗教学の領域でジェンダーの視点の重要性が認識されているとは言い難いのが現状である。そこで人類学の理論と実践を組み入れることによって、ジェンダー視点の備わる宗教研究への次の一歩となるよう目指したのが本書である。

本書は、宗教研究を主としている編者二名に加えて、若手人類学者を迎え、彼女たちの宗教とジェンダーの切り口を明らかにするという新しい領域に挑戦する意欲を借りて出来上がった。日本の宗教研究には手薄に見える、自らの立ち位置への自己再帰性や、インフォーマントとの関係性の中に生まれる権力関係に対して、人類学では深く議論が行われてきている。宗教研究にジェンダーおよびフェミニズムの視点を加えるには、この自らの立ち位置への自己再帰性や権力関係の認識は不可欠である。人類学者との協同作業は、その点で宗教研究を補強するものとなっている。本書のフィールドは多岐にわたるが、キリスト教の論考がないのは残念である。今後の課題として残しておきたい。

本書をまとめるに当たっては、宗教学と人類学を専門とする研究者七名で、毎年二回研究会を開いて情報交換や議論を重ねつつ、また宗教研究をめぐる諸学会においてジェンダーに関わるパネルを開いてきた。毎回の研究会では新しい研究の紹介やそれをめぐっての議論が活発に行われ、参加者すべてが大いに刺激を受け、研究意欲を高められるものとなった。本書はそうした積み重ねの賜物である。

以下、研究会の実施内容を記しておきたい。

一、二〇一三（平成二五）年七月一四日（日曜日）

九月の日本宗教学会でのパネル発表に向けて、意見交換および事前打ち合わせのための合同研究会。

二〇一三（平成二五）年九月　日本宗教学会第七二回学術大会

パネル「フェミニスト人類学がまなざす女性の宗教的実践」
川橋範子「イントロダクション――解釈の枠組み」
嶺崎寛子「エジプト女性の宗教実践にみる『自己承認』」
松尾瑞穂「インドにおける断食と自己犠牲のポリティクス」
飯國有佳子「『出家』を問い直す――ミャンマー女性の宗教実践の事例から」
コメンテータ　三木英
司会　小松加代子

二、二〇一四（平成二六）年一月五日（日曜日）
信仰とジェンダーのポリティクス出版の企画書検討。

三、二〇一四（平成二六）年七月六日（日曜日）
「女性の宗教的主体」研究会　第二回
英文文献の感想・講評、論文の講読・意見交換。
信仰とジェンダーのポリティクス出版に向けての打ち合わせ。

四、二〇一四（平成二六）年一二月二一日（日曜日）
松尾瑞穂「主体化とvulnerability――ジュディス・バトラーの概念の紹介」
小林奈央子「霊山と女性――ジェンダー宗教学からの再検討」

五、二〇一五（平成二七）年一〇月一一日（日曜日）
川橋範子「IAHR（国際宗教史宗教学会）、特に宗教とジェンダーを取り巻く日本の研究状況の課題や、問題点について」
飯國有佳子「フェミニスト理論の行き詰まりとその打開策――ナンシーフレイザーの紹介」
嶺崎寛子「イスラームとジェンダー――表象をめぐるグローバルな問題系／およびエジプト」

六、二〇一五（平成二七）年一二月二三日（水曜日）
川橋範子「まとめ」
小松加代子「現代日本でスピリチュアリティを考えること」
磯部美里「仏教儀礼を支える、変える――中国シーサンパンナのタイ族女性と上座仏教」

本書はフィールドワーク中心の研究をまとめたものである。フィールドワークで出会った人々との出会いがそれぞれの章を作り上げているといっても過言ではない。協力してくださったすべての人々に感謝を捧げたい。

また、二〇一三（平成二五）年の日本宗教学会第七二回学術大会でのパネル「フェミニスト人類学がまなざす女性の宗教的実践」において、一見ジェンダーが主流化されたかのように見えるものの未だフェミニズムが日本宗教研究の中で避けられがちな中、コメンテータを引き受けてくださった大阪国際大学の三木英先生に御礼を申し上げたい。

さいごに、近年出版業界では論文集の出版は採算をとることが難しいため歓迎されていない。そのような中で、私たちの研究の意義を認めて応援してくださった昭和堂の松井久見子さんのおかげで本書はできあがった。ここに感謝を表したい。

なお、本書はＪＳＰＳ科研費二六三七〇〇六六「女性の宗教的主体構築——ジェンダーの視点から」の助成を受けたものである。

二〇一六年八月

小松加代子

索　引

さ

た

な

は

ま

や

ら

アルファベット

■執筆者紹介

小林奈央子（こばやし なおこ）
愛知学院大学准教授
専門は宗教学
おもな業績に『木曽御嶽信仰とアジアの憑霊文化』（共著、岩田書院、2012年）など。

嶺崎寛子（みねさき ひろこ）
愛知教育大学准教授
専門はジェンダー論、文化人類学
おもな業績に『イスラーム復興とジェンダー――現代エジプト社会を生きる女性たち』（昭和堂、2015年、第10回女性史学賞受賞作）など。

飯國有佳子（いいくに ゆかこ）
大東文化大学講師
専門は文化人類学、ミャンマー地域研究
おもな業績に『現代ビルマにおける宗教的実践とジェンダー』（風響社、2011年）など。

磯部美里（いそべ みさと）
名古屋大学大学院学術研究員
専門は中国地域研究、文化人類学
おもな業績に「出産の変容とジェンダー化――中国・西双版納タイ族における男性産婆の事例から」（『ジェンダー研究』第13号、2010年）など。

松尾瑞穂（まつお みずほ）
国立民族学博物館准教授
専門は文化人類学、医療人類学
おもな業績に『ジェンダーとリプロダクションの人類学――インド農村社会における不妊を生きる女性たち』（昭和堂、2013年）など。

■編者紹介

川橋範子（かわはし のりこ）
名古屋工業大学大学院教授
専門は宗教学、文化人類学
おもな業績に『妻帯仏教の民族誌――ジェンダー宗教学からのアプローチ』（人文書院、2012年）、『ジェンダーで学ぶ宗教学』（共編著、世界思想社、2007年）、『混在するめぐみ――ポストコロニアル時代の宗教とフェミニズム』（共著、人文書院、2004年）など。

小松加代子（こまつ かよこ）
多摩大学教授
専門は宗教学、ジェンダー論
おもな業績に『ジェンダーで学ぶ宗教学』（分担執筆、世界思想社、2007年）、『藤沢発オープンカレッジから生まれた女たち――女性学から実践へ』（編著、生活思想社、2006年）など。訳書にJ・ソスキース『メタファーと宗教言語』（玉川大学出版、1992年）など。

宗教とジェンダーのポリティクス――フェミニスト人類学のまなざし

2016年11月30日　初版第1刷発行

編　者　川橋範子
　　　　小松加代子
発行者　杉田啓三
〒606-8224 京都市左京区北白川京大農学部前
発行所　株式会社 昭和堂
振込口座 01060-5-9347
TEL(075)706-8818/FAX(075)706-8878
ホームページ http://www.showado-kyoto.jp

印刷 モリモト印刷

ISBN 978-4-8122-1601-9
＊落丁本・乱丁本はお取り替えいたします。
Printed in Japan